Margot Laufer

Geocaching als touristischer Standortfaktor

Eine empirische Untersuchung in der Region Schwarzwald

Diplomica® Verlag GmbH

Laufer, Margot: Geocaching als touristischer Standortfaktor: Eine empirische Untersuchung in der Region Schwarzwald, Hamburg, Diplomica Verlag GmbH 2013

Buch-ISBN: 978-3-8428-9186-9
PDF-eBook-ISBN: 978-3-8428-4186-4
Druck/Herstellung: Diplomica® Verlag GmbH, Hamburg, 2013
Covermotiv: © Margot Laufer

Bibliografische Information der Deutschen Nationalbibliothek:
Die Deutsche Nationalbibliothek verzeichnet diese Publikation in der Deutschen Nationalbibliografie; detaillierte bibliografische Daten sind im Internet über http://dnb.d-nb.de abrufbar.

Das Werk einschließlich aller seiner Teile ist urheberrechtlich geschützt. Jede Verwertung außerhalb der Grenzen des Urheberrechtsgesetzes ist ohne Zustimmung des Verlages unzulässig und strafbar. Dies gilt insbesondere für Vervielfältigungen, Übersetzungen, Mikroverfilmungen und die Einspeicherung und Bearbeitung in elektronischen Systemen.

Die Wiedergabe von Gebrauchsnamen, Handelsnamen, Warenbezeichnungen usw. in diesem Werk berechtigt auch ohne besondere Kennzeichnung nicht zu der Annahme, dass solche Namen im Sinne der Warenzeichen- und Markenschutz-Gesetzgebung als frei zu betrachten wären und daher von jedermann benutzt werden dürften.

Die Informationen in diesem Werk wurden mit Sorgfalt erarbeitet. Dennoch können Fehler nicht vollständig ausgeschlossen werden und die Diplomica Verlag GmbH, die Autoren oder Übersetzer übernehmen keine juristische Verantwortung oder irgendeine Haftung für evtl. verbliebene fehlerhafte Angaben und deren Folgen.

Alle Rechte vorbehalten

© Diplomica Verlag GmbH
Hermannstal 119k, 22119 Hamburg
http://www.diplomica-verlag.de, Hamburg 2013
Printed in Germany

Inhaltsverzeichnis

1 Einleitung und Problemstellung 9
   1.1 Die Ausgangslage 9
   1.2 Problemstellung und Ziel der Studie 9
   1.3 Forschungsfrage und These der Studie 10

2 Tourismus im Schwarzwald 11
   2.1 Die Grundlagen des Tourismus 11
      2.1.1 Das Phänomen Tourismus 11
      2.1.2 Die Tourismuswissenschaft 13
      2.1.3 Die Reisedauer und Reiseintensität 15
      2.1.4 Die Reisemotivation und Reisemotive 16
      2.1.5 Die Destination in der Tourismuslehre 18
   2.2 Der Schwarzwald 19
      2.2.1 Namensherkunft des Schwarzwaldes 19
      2.2.2 Geografische Lage der Ferienregion Schwarzwald 20
      2.2.3 Der Wald als touristisches Kapital 22
      2.2.4 Historischer Abriss zur Entwicklung des Tourismus im Schwarzwald .. 24
      2.2.5 Der typische Schwarzwaldurlauber 26

3 Geocaching – Begriffe und Erläuterung 29
   3.1 Die Historische Entwicklung des Geocaching 29
   3.2 Die Funktionsweise der Satellitennavigation 30
   3.3 Die Ziele und Spielweise von Geocaching 31
   3.4 Erläuterung der Cachetypen und Hintergrund 34
      3.4.1 Der Tradi-Cache 34
      3.4.2 Der Multi-Cache 34
      3.4.3 Der Mystery-Cache 34
      3.4.4 Sonstige Cachearten 35
   3.5 Entwicklung des Trendsports Geocaching 36
      3.5.1 Umfang und Anzahl der Geocacher 36
      3.5.2 Entwicklung zum Massensport 36
      3.5.3 Technische Entwicklungen und Neuerungen 37
      3.5.4 Geocaching mit echten Gewinnen 37
      3.5.5 GPS Mission und Geocaching-Klon 38
   3.6 Geocaching und Naturschutz 38

4 Touristische Fakten für die empirische Erhebung 41
   4.1 Verwendete Sekundärdaten des Reisemarktes 41
   4.2 Reisetrends des deutschen Reisemarktes 42
      4.2.1 Urlaub im eigenen Land 42
      4.2.2 Reiseintensität und Trend zur Zweitreise..44
      4.2.3 Klarer Trend zum Kurzurlaub 46
      4.2.4 Urlaubsausgaben – am Urlaub wird nicht gespart 48
      4.2.5 Reiseorganisation und Buchungsverhalten – Medium Internet....................51
      4.2.6 Reisemotive – Erholung und Vergnügen sind am Wichtigsten 54
      4.2.7 Gesundheit und Natur stehen hoch im Kurs 57
      4.2.8 Das Wandern erfährt eine Renaissance 60
      4.2.9 Verändertes Freizeit-, Reise- und Nachfrageverhalten im Allgemeinen 63
   4.3 Basisannahmen für die empirische Untersuchung 64

5 Empirische Erhebung und Befragung..67
   5.1 Ziele der empirischen Erhebung 67
   5.2 Stand der Forschung und Erhebungsmethode...67
   5.3 Datenerhebung, Gewichtung und Reliabilität 68
      5.3.1 Allgemeines zur Datenerhebung und Gewichtung der Daten 68
      5.3.2 Geografische Eingrenzung der Erhebung..68
      5.3.3 Zeitliche Eingrenzung der Erhebung 69
      5.3.4 Gewichtung der Teilnehmer der Befragung 69
   5.4 Die Auswahl der Erhebungsmethode 70
   5.5 Der Umfang der bewussten Auswahl 73
   5.6 Die Auswahl der Datenerhebungsmethode und Struktur 74
      5.6.1 Auswahl der Datenerhebungsmethode 74
      5.6.2 Kriterien für die Datenerhebung und wissenschaftliche Erkenntnisse 75
   5.7 Pretest der Erhebungsmethode 75
   5.8 Durchführung der Erhebung und Dokumentation...77
      5.8.1 Beschreibung der Erhebung 77
      5.8.2 Die Rücklaufquote der Teilnehmer...78
      5.8.3 Die Zielstreuung der Teilnehmer..79
   5.9 Ergebnis der Erhebung und Verarbeitung 80
      5.9.1 Allgemeine Erkenntnis 80
      5.9.2 Erkenntnis zum Reiseverhalten 82
      5.9.3 Erkenntnis zum Umsatzvolumen einer Urlaubsregion 86
   5.10 Schlussfolgerungen aus der Datenerhebung 92

6 Einsatzmöglichkeiten von Geocaching im Tourismus 95
   6.1 Die Umsetzung durch gezielten Tourismus 95
   6.2 Die touristischen Potentiale mit Geocaching 96
      6.2.1 Ausnutzung des geänderten Ausgabeverhaltens der Urlauber 96
      6.2.2 Einbeziehung des veränderten Nachfrageverhaltens der Gäste 97
      6.2.3 Die Integration sozialer Aspekte 97
      6.2.4 Touristische Lenkung durch reale Preise und Give aways 98
      6.2.5 Touristischer Nutzen durch Sonderaufgaben und zeitliche Lenkung 98
   6.3 Praxisbeispiele für bereits umgesetzte Tourismusstrategien mit Geocaching 99
      6.3.1 Umsetzungen durch Tourismusgemeinden allgemein 99
      6.3.2 Beispielhafte Umsetzungen durch Tourismusgemeinden im Schwarzwald 99

7 Zusammenfassung und Ausblick 101
   7.1 Erkenntnisse aus dem Reiseverhalten 101
   7.2 Erkenntnisse für die Destination Schwarzwald 102
   7.3 Erkenntnisse aus der Entwicklung des Geocaching 103
   7.4 Erkenntnisse aus der empirischen Erhebung 104
   7.5 Prüfung der These 104

I Literatur- und Studienverzeichnis 107
   I.1 Literaturverzeichnis 107
   I.2 Studien, Erhebungen und Untersuchungen 114
   I.3 Gesetze und sonstige Fundstellen 116
   I.4 Internetfundstellen von speziell erwähnten Geocachen 117

II Abbildungsverzeichnis 119

III Tabellenverzeichnis 120

IV Abkürzungsverzeichnis 121

V Anlagen 123

1 Einleitung und Problemstellung

1.1 Die Ausgangslage

Der touristische Markt in Deutschland befindet sich im Wandel. Es verlagern sich so wohl die Urlaubszielgebiete als auch die Urlaubsgewohnheiten. Das Urlaubsverhalten der Reisenden verändert sich zwar nicht sprunghaft, jedoch stetig. Dabei beziehen sich die Veränderungen im Tourismusmarkt weniger auf das Volumen als vielmehr auf die Strukturen.

Regionale, inländische Urlaubsgebiete genießen stärkeres Ansehen und werden öfters für Kurzurlaube frequentiert. Bei der Auswahl des Urlaubszieles spielen verschiedene Faktoren eine Rolle. Neben gesundheitsbezogenen Interessen gewinnen touristische Aktivangebote mit Bezug zur Natur zunehmend an Bedeutung.

Als aktiver Freizeittrend hat sich Geocaching mittlerweile etabliert. Mit Geocaching bezeichnet man – vereinfacht ausgedrückt – eine moderne Schatzsuche, die mittels eines GPS-Gerätes erfolgt. Eine Kurzbeschreibung dieses Hobbys erfolgt in Kapitel 3. Die Teilnahme ist weltweit kostenlos und kann problemlos ohne fremde Hilfe umgesetzt werden. Im so genannten Cache (Schatz) befinden sich Tauschgegenstände und ein Logbuch. Der erfolgreiche Fund wird im Internet dokumentiert.

In Kapitel 4 wird der Trend näher untersucht und die Rahmenbedingungen für die empirische Untersuchung werden ausgearbeitet.

1.2 Problemstellung und Ziel der Studie

Die Tourismusregionen konkurrieren um die Gäste und stellen sich auf neue Freizeittrends ein. Da sich Geocaching zunehmender Beliebtheit erfreut, nehmen touristische Destinationen diesen Trend auf. So existieren – im Vorgriff auf die Ausarbeitungen in Kapitel 6 - in vereinzelten Tourismusgemeinden bereits GPS-Schatzsuchen, die unter Beiziehung des weltweiten Geocachingtrends oder durch regionale Einzelprojekte umgesetzt werden.

Ziel der Studie ist es herauszufinden, ob ein nachweisbarer Zusammenhang zwischen der Freizeit- und Trendsportart Geocaching und einer geografisch begrenzten Urlaubsregion besteht. Dies ist von Bedeutung, da sich der touristische Markt verändert und jede Urlaubsregion versucht sich auf die Zielkunden einzustellen. Hierzu wird im Rahmen einer empirischen Erhebung – dargestellt in Kapitel 5 – die Zielgruppe Geocacher befragt und deren Ergebnisse wissenschaftlich ausgewertet.

Aus der Auswertung der durchgeführten Umfrage werden Rückschlüsse auf das Potential an Urlaubern gezogen, die über Geocaching für die Urlaubsdestination gewonnen werden können oder deren Verweildauer durch Geocaching verlängert werden kann.

1.3 Forschungsfrage und These der Untersuchung

Sollte Geocaching nachweislich einen Einfluss auf die im Rahmen der Studie analysierte Urlaubsregion Schwarzwald haben und wäre dieser positiv, könnten sich die touristischen Organisationen und Zusammenschlüsse entsprechend einrichten und orientieren. Durch gezielte Marketingmaßnahmen und die Steuerung des Trendsports können Tourismusströme kanalisiert und zielbringend genutzt werden

Die Fragestellungen der Studie lauten vereinfacht:

- Ist ein Zusammenhang zwischen Geocaching als Trend- und Outdoorsportart und einer Urlaubsregion erkenn- und nachweisbar?
- Beeinflusst Geocaching die Urlaubsregion Schwarzwald?
- Welche Erkenntnisse lassen sich aus einem positiven Umgang mit Geocaching für die Tourismusdestination Schwarzwald gewinnen?

Durch die Untersuchung wird aufgezeigt, welche Möglichkeiten für eine Tourismusregion vorhanden sind, wenn moderne Freizeittrends an- und aufgenommen werden. Aus der Auswertung der Umfrage wird das Umsatzpotential abgeleitet.

Als These der wissenschaftlichen Studie wird daher definiert:

„Nur eine sich am Markt orientierende Tourismusregion kann eine dauerhaft angemessene Ertragslage und Frequentierung realisieren. Der positive Umgang mit Geocaching unterstützt diese Realisierung."

2 Tourismus im Schwarzwald

2.1 Die Grundlagen des Tourismus

2.1.1 Das Phänomen Tourismus

Die Tourismusbranche zählt zu den wichtigsten wirtschaftlichen Sektoren in Deutschland. Mit 2,8 Millionen Arbeitsplätzen - die nicht exportierbar sind - und Bruttoumsätzen von jährlich rund 233 Milliarden Euro, zeigt sich der Deutschlandtourismus als krisenfester und harter Standortfaktor.[1] Auch im Schwarzwald ist der Tourismus mit jährlichen Bruttoumsätzen von 8 Milliarden Euro und rund 180.000 Arbeitsplätzen ein wesentlicher Wirtschaftsfaktor.[2]

Allgemein wird der Tourismusbranche in den kommenden Jahren ein weltweites überdurchschnittliches Wachstum zugeschrieben. Der Wettbewerbsprozess wird zeigen welche Teilbereiche des Tourismus und welche Regionen davon profitieren werden.[3]

Geht man von der Einstufung des Statistischen Bundesamtes aus, dann ist Tourismus kein eigenständiger Wirtschaftsbereich. Denn in der Klassifikation der Wirtschaftszweige, die Grundlage der amtlichen Unternehmensstatistiken ist, gibt es keinen Wirtschaftszweig „Tourismus". Im Allgemeinen wird Tourismus als ein „umfassendes, wirtschaftsbereichsübergreifendes Phänomen"[4] verstanden und als „Querschnittsbereich"[5] eingestuft, der sich aus einer Vielzahl von Leistungen unterschiedlicher Wirtschaftszweige zusammensetzt. Dennoch ist im allgemeinen Sprachgebrauch von Tourismus als einem Wirtschaftszweig bzw. einer Branche die Rede.

Dem Produktcharakter nach ist der Tourismus der Dienstleistungsbranche zuzurechnen. Wie bei einer Dienstleistung allgemein üblich – findet die Bereitstellung des überwiegend immateriellen Gutes gleichzeitig mit dessen Konsum statt. Touristische Dienstleistungen werden vorwiegend individuell auf Wunsch erstellt. Selten sind zwei Leistungen identisch. Vielmehr sind touristische Dienstleistungen und deren Erfolg von äußeren Einflüssen, wie dem Wetter und den inneren Einstellungen und Erwartungen des einzelnen Gastes abhängig.

---

[1] Vgl. Deutscher Tourismusverband (Hrsg.). (2010). Pressemitteilung vom 08.07.2010. Internet: http://www.deutschertourismusverband.de/index.php?news_id=398&pageId=96&startId=0&show_year=2010 (Stand 10.07.2010).
[2] Vgl. Schwarzwald Tourismus Gesellschaft. (Hrsg.). (2010b). Geschäftsbericht 2009. Schwarzwald Tourismus GmbH. Freiburg: Eigendruck, S. 4.
[3] Vgl. Landtag von Baden-Württemberg. (Hrsg.). (1998). Drucksache 12/3527.Antrag Abgeordnete FDP/DVP und Stellungnahme des Wirtschaftsministeriums. Städte- und Tagestourismus vom 02.12.1998. Internet: http://www.landtag-bw.de/wp12/drucksachen/3000/12_3527_d.pdf, S. 2. (Stand: 11.07.2010).
[4] Vgl. Landtag von Baden-Württemberg. (Hrsg.) (2007). Drucksache 14/1229 vom 09.05.2007. Große Anfrage der Fraktion der CDU und Antwort der Landesregierung. Tourismus in Baden-Württemberg. Internet: http://www.landtag-bw.de/WP14/Drucksachen/1000/14_1229_d.pdf, S. 22. (Stand 10.07.2010).
[5] ebd., S. 22.

Steinbach, J. weist darauf hin, dass sich „(…) die vielen Schwierigkeiten und Probleme der Tourismusforschung schon bei der Definition des Forschungsgegenstandes zeigen."[6]

Der international gängige Begriff „Tourismus" wird in der Fachliteratur und im täglichen Sprachgebrauch meist synonym mit den Begriffen „Fremdenverkehr", „Reiseverkehr" und „Touristik" genannt. Als zentrales Element beschreibt der Begriff Tourismus die Reise an sich - den vorübergehenden, zeitbegrenzten Ortswechsel vom gewöhnlichen Aufenthaltsort A an den unbekannten, fremden Reise Ort B. Charakteristisch hierbei ist, dass man - im eigentlichen französischen Wortsinn der „Tour" für Drehung - wieder dahin zurückkommt, wo man angefangen hat.

Die Welt Tourismus Organisation (WTO) versteht Tourismus als Reisen zu Freizeit-, Geschäfts- und anderen Zwecken. Wobei sich Touristen dabei mindestens 24 Stunden und längstens ein Jahr ohne Unterbrechung von ihrem Wohnort entfernt aufhalten und die Absicht haben wieder dahin zurückzukehren. Am bereisten Ort darf keine von dort bezahlte Tätigkeit ausgeübt werden. Dauerhafte Arbeits- und Studienaufenthalte oder auch Einreisen mit Absicht zum Daueraufenthalt (Aus/Einwanderungen) werden nicht dem Tourismus zugerechnet. Zum Begriff „Tourist" gibt die WTO folgende Definition:

"Tourists are people who travel to and stay in places outside their usual environment for more than twenty-four hours and not more than one consecutive year for leisure, business and other purposes not related to the exercise of an activity remunerated from within the place visited."[7]

Mit dem Begriff „visitor" für Gast oder Besucher grenzt die WTO Tagesreisende, die nicht übernachten, gegenüber Reisenden mit Übernachtung ab. In der vorliegenden Studie werden die Begriffe, Gast, Besucher, Tourist und Urlauber synonym verwendet.

Tabelle Nr. 1 zeigt die wissenschaftliche Abgrenzung zwischen Touristen und Tagesgästen und die Einordnung im Bereich des Incoming-Tourismus, worauf später eingegangen wird.

---

[6] Steinbach, J. (2003). Tourismus. Lehr- und Handbuch zu Tourismus, Verkehr und Freizeit. München: Oldenbourg Wissenschaftsverlag, S. 10.

[7] World Tourism Organization. (Hrsg.). (1995). UNWTO: Technical Manual No.2.. Collection of Tourism Expenditure Statistics. Internet: http://pub.world-tourism.org/WebRoot/Store/Shops/Infoshop/Products/1034/1034-1.pdf (Stand: 16.08.2010), S. 14.

Tab. 1: Kategorisierung des Incoming-Tourismus

	Touristen/Tourist	Tagesausflügler/Gäste/Visitors
Dauer der Abwesenheit vom Wohnort/ Heimatort	mindestens 24 Stunden oder mehr	weniger als 24 Stunden
Übernachtung	ja	nein
Zweck des Besuchs	Beruf, Vergnügen oder anderer Zweck	Beruf, Vergnügen oder anderer Zweck

Quelle: modifiziert nach: Althof, W.

Freyer, W. definiert Tourismus in einer weiten Form als den vorübergehenden Ortswechsel von Personen,[8] der alle Erscheinungen umfasst, die mit dem Verlassen des gewöhnlichen Aufenthaltsortes und dem Aufenthalt am anderen Ort inklusive der Reisevorbereitung und Reisenachbereitung verbunden sind.

Zu der für diese Studie verwendeten Definition von Freyer, W. – zählen somit neben mehrtägigen privaten Urlaubsreisen mit Übernachtung in gewerblichen Unterkünften, dem Kernobjekt des Tourismus also, auch Besuche bei Freunden und Verwandten mit Übernachtung in einer Privatunterkunft und Aufenthalte, die nur einen Tag oder einige Stunden dauern.

Auch Bieger, T. betont, dass der Tourismus nicht nur ein Wirtschafts- sondern ein wichtiger Lebensbereich ist, der das gesamte Verhalten des Menschen außerhalb seines Wohnortes umfasst. Vom gesetzlichen Urlaub und einer durchschnittlichen Reisefreudigkeit ausgehend, verbringt der moderne Mensch demnach 12-15% seines aktiven Lebens als Tourist![9]

Zusammenfassend kann festgestellt werden, dass der Tourismus sowohl ein wirtschaftliches, wie soziales und vor allem globales Phänomen ist.

2.1.2 Die Tourismuswissenschaft

Die Tourismusforschung in Deutschland ist eine junge Wissenschaftsdisziplin. Die Frage nach der Gestaltung „freier Zeit" stellte sich in der breiten Bevölkerung erst Ende des 19. Jahrhunderts als die organisierte Arbeiterbewegung in den Industriebetrieben bessere Arbeitsbedingungen mit verkürzten Arbeitszeiten, höheren Löhnen und arbeitsfreien Tagen zur Regeneration erkämpft hatte. Urlaub und Freizeit sind seitdem unverzichtbarer und gesetzlich geregelter Bestandteil des Erwerbslebens[10] und haben einen hohen sozialen Stellenwert für den Menschen.

---

[8] Vgl. Freyer, W. (2007). Tourismus-Marketing, 5. Auflage. München: Oldenbourg Verlag. S. 4.
[9] Vgl. Bieger, T. (2002b). Tourismuslehre – ein Grundriss. 2te. Aufl. UTB Hauptverlag: Bern, Stuttgart, Wien. S. 36ff
[10] Vgl. § 1 Bundesurlaubsgesetz (BuUrlG). Jeder Arbeitnehmer hat in jedem Kalenderjahr Anspruch auf bezahlten Erholungsurlaub. BuUrlG vom 08.01.1963. Mindesturlaubsgesetz für Arbeitnehmer. In der Fassung des Gesetzes vom 07.05.2002, BGBl. 2002 I, S. 1529.

In der UN-Menschenrechtscharta werden arbeitsfreie Zeit und bezahlter Urlaub im Jahre 1948 als Menschenrecht definiert:

„Jeder hat das Recht auf Erholung und Freizeit und insbesondere auf eine vernünftige Begrenzung der Arbeitszeit und regelmäßigen bezahlten Urlaub."[11]

Seit der Gründung des „Forschungsinstituts für Fremdenverkehr" in Berlin im Jahre 1929 war das Feld des Tourismus über Jahrzehnte hinweg im Fachbereich Ökonomie angesiedelt. Heute wird dem vielseitigen Wesen des Tourismus Rechnung getragen. Als konstitutive Disziplinen der Tourismuswissenschaft gelten: Wirtschaftswissenschaften, Politikwissenschaften, Psychologie, Soziologie, Ökologie und Geographie.[12]

Bieger, T. identifiziert die Tourismusforschung als „Schnittpunktwissenschaft", da sie nur ganzheitlich und interdisziplinär angegangen werden kann.[13]

Die Tourismusbranche ist unter anderem aufgrund der Zunahme an freier Zeit gewachsen. Eine sich hieraus ergebende Konsequenz ist, dass das Verhältnis zwischen Freizeit und Tourismus in zunehmendem Maße voneinander abhängt. Der heutige unmittelbare Zusammenhang zeigt sich beispielsweise in den Studiengängen Freizeit- und Tourismuswissenschaften - den „Leisure and Tourism Studies."

Ausführlich auf die Entwicklung der Freizeitforschung einzugehen, würde den Rahmen dieser Studie sprengen. Im Wesentlichen ist Folgendes festzuhalten: Die Freizeitforschung ging in den 1970er Jahren aus den Erziehungswissenschaften, insbesondere der Freizeitpädagogik hervor.[14] Dabei kann Opaschowski, H.W. als einer der maßgeblichen Freizeit- und Zukunftsforscher Deutschlands als federführend angesehen werden.[15]

Opaschowski, H.W. beschreibt die Freizeitwissenschaft als „eine neue Spektrumswissenschaft",[16] die innerhalb der Sozialforschung unterschiedliche Freizeitbereiche, wie Kultur, Sport, Spiel, Medien, Konsum, Unterhaltung und eben den Tourismus umfasst.

Somit ist Tourismus als wesentlicher Bestandteil des allgemeinen Freizeitverhaltens zu sehen.[17] Ändert sich das Freizeitverhalten der Menschen, wirkt sich dies auch auf deren Reiseverhalten und den Tourismus im Allgemeinen aus.

---

[11] Artikel 24, Allgemeine Erklärung der Menschenrechte (A/RES/217, UN-Doc. 217/A-(III)), vom 10.12.1948. In: Informationen der GfpA. Nr. 58. September 1998.
[12] Freyer, W. (2006). Tourismus. Einführung in die Fremdenverkehrsökonomie. 8. Auflage. München: Oldenbourg Verlag, S. 15.
[13] Bieger, T. (1994): Tourismusforschung – Marktlücken und weiße Felder aus Sicht der Tourismuspraxis. In: Zeitschrift für Fremdenverkehr. Heft 4, 1994.
[14] Nahrstedt, W. (2005). Freizeitpädagogik, Freizeitwissenschaft, Zukunftsforschung. In: Popp, R. (Hg) Wien: LIT Verlag Festschrift Zukunft:Freizeit:Wissenschaft, S. 22.
[15] ebd., S. 15.
[16] Opaschowski, H. W. (2008). Einführung in die Freizeitwissenschaft. Wiesbaden: VS Verlag für Sozialwissenschaften, 5. Auflage. Vorwort zu 1. und 2. Auflage 1988, 1994, S. 16
[17] Freyer, W. (2006). a.a.O., S. 46.

Die Akteure des Tourismus - Wissenschaftler wie Praktiker - beschäftigen sich nach Freyer, W. vor allem mit drei konstitutiven Elementen des Reisens:[18]

1. mit dem Ortswechsel und den dazu verwendeten Transportmitteln
2. mit dem vorübergehenden Aufenthalt und den entsprechenden Unterkünften
3. mit den Motiven, die zu dem Ortswechsel führten

Untersuchungsgegenstand der Tourismuswissenschaft sind demnach alle Faktoren, die in Zusammenhang mit der Reise stehen und die das Reise- und Freizeitverhalten des Urlaubers kennzeichnen. Um Gesetzmäßigkeiten feststellen und unter anderem Rückschlüsse auf das Konsumverhalten der Urlauber ableiten zu können, sind folgende Parameter maßgeblich:

Die Reisezeit, die Reisedauer, die Anzahl der Reisen pro Jahr - sprich die Reiseintensität, die Reiseausgaben, verwendete Transportmittel, die Reiseart, die Reiseorganisation, die Unterkunft und die Reiseziele.

Im Folgenden wird auf einzelne - für die vorliegende Studie bedeutende Elemente des Reisens - eingegangen.

2.1.3 Die Reisedauer und Reiseintensität

Die Reisedauer - insbesondere die Übernachtungs- oder Belegungszahl – stellt eine wesentliche Kennzahl in der Touristikbranche dar.

Hierbei orientiert sich die Aufenthaltsdauer nicht ausschließlich am Mindestaufenthalt von 24 Stunden – auch kürzere Aufenthalte[19] zählen zum Tourismus. Selbiges gilt auch für Geschäftsreisen.[20]

Je nach Dauer des Aufenthaltes am Urlaubsort wird in Reisen mit mindestens 5 Tagen bis zu einem Jahr, Kurzreisen oder Kurzurlaub von 2 – 4 Tagen und Tagesausflügen ohne Übernachtung unterschieden.[21]

Somit wird - wie in Tabelle 2 dargestellt - wissenschaftlich nach der Verweildauer in der Destination unterschieden.

---

[18] ebd., S. 2.
[19] Vgl. Althof, W. (1996). Incoming-Tourismus. 2te. Aufl. München: Oldenbourg Wissenschaftsverlag, S. 7.
[20] ebd., S. 7.
[21] Freyer, W. (2006). a.a.O., S. 2.

Tab. 2: Unterscheidung der Reiseart nach Verweildauer

Definition	Aufenthaltsdauer
Tagesausflug	maximal 24 Std. (ohne Übernachtung)
Kurzreise / Kurzurlaub	2 bis 4 Tage (mind. 1 Übernachtung)
Urlaubsreise	mindestens 5 Tage (4 Übernachtungen) bis zu einem Jahr

Quelle: Eigenerstellung

Zur Erforschung des Urlaubsverhaltens ist die *Reiseintensität* eine weitere maßgebliche Kennziffer der Tourismusbranche. Die Reiseintensität ist definiert als der Anteil der deutschen Bevölkerung (über 14 Jahren), welcher mindestens einmal im Jahr eine Urlaubsreise mit mindestens 5 Tagen Dauer unternimmt.[22] Näheres zum aktuellen Reiseverhalten deutscher Urlauber wird in Kapitel 4. 2 unter ‚Reisetrends des deutschen Reisemarktes' dargestellt.

2.1.4 Die Reisemotivation und Reisemotive

Abgeleitet vom lateinischen Verb „movere" beschreibt Motivation eine Bewegung oder Veränderung. Schober, R. definiert Reisemotive wie folgt:

"Unter Reisemotiven verstehen wir die Gesamtheit der individuellen Beweggründe, die dem Reisen zugrunde liegen. Psychologisch gesehen handelt es sich um Bedürfnisse, Strebungen, Wünsche, Erwartungen, die Menschen veranlassen, eine Reise ins Auge zu fassen bzw. zu unternehmen."[23]

Als eine der bekanntesten Theorien zur Erforschung menschlicher Bedürfnisse gilt die Bedürfnishierarchie des amerikanischen Psychologen Abraham Maslow.[24]

In Form einer Pyramide sind verschiedene Bedürfnishierarchien und Entwicklungsstadien dargestellt. Getreu dem umgangssprachlichen Motto: „Mit leerem Magen studiert es sich schlecht", kann in die nächst höhere Stufe erst vorgedrungen werden, wenn die grundlegenden Bedürfnisse in der Basis befriedigt sind.

Freyer, W. wendet die Maslow'sche Bedürfnispyramide folgendermaßen auf den Tourismus an:[25]

In Zeiten der Handels- und auch Entdeckerreisen wurden Reisen in erster Linie unternommen, um die physischen *Grundbedürfnisse*, wie Essen, Trinken, Schlafen zu decken. In der

---

[22] Vgl. Forschungsgemeinschaft Urlaub und Reisen. (Hrsg.) (o.J.). Erste Ergebnisse der RA 2008. S.2. Internet: http://www.reiseanalyse.de/downloads/Reiseanalyse_2008.pdf (Stand: 15.07.2010)
[23] Schober, R. (1993). (Urlaubs-) Erleben, (Urlaubs-) Erlebnis. In: Hahn, H./Kagelmann, H (Hrsg.) Tourismuspsychologie und Tourismussoziologie. Ein Handbuch zur Tourismuswissenschaft. München: Quintessenzverlag, S. 199.
[24] Maslow, A.H. (1943). A Theory of Human Motivation, Psychological Review 50. 370ff Reprint in Harriman, P. (Hrsg.) Twentieth Century Psychology. New York: Philisophical Library. Ed. 1946.
[25] Freyer, W. (2006). a.a.O., S. 72ff.

zweiten Ebene der Pyramide - der *Sicherheitsbedürfnisse* - sind Reisen angesiedelt, die das Grundeinkommen durch Erholungs- und Kuraufenthalte zur Regeneration der Arbeitskraft sichern. Hierauf folgen Besuche von Verwandten und Freunden, die durch Kommunikation und Kontakt *soziale Bedürfnisse* befriedigen. Auf der zweithöchsten Stufe - der *Wertschätzungsbedürfnisse* - haben Reisende „höhergestellte" Motive nach Freiheit, Prestige und gesellschaftlicher Anerkennung. Und schließlich werden an der Spitze der Pyramide – der *Entwicklungsbedürfnisse,* dem Verlangen nach Selbstverwirklichung, Freude und Glück - Reisen zum Selbstzweck als Vergnügungsreisen unternommen. Freyer, W. stuft daher die heutige Form des (Urlaubs-) Tourismus so ein, dass Reisen vorrangig dem Vergnügen und der Selbstverwirklichung dienen.

Betrachtet man tourismusspezifische Literatur, zeigt sich, dass sich mit den Motiven der Reise zahlreiche Studien beschäftigen.[26] Als Begründer der Reisemotivforschung nimmt Hartmann, K.D. eine Unterscheidung in vier generelle Reisemotivgruppen vor:

- o „Erholungs- und Ruhebedürfnis",
- o „Bedürfnis nach Abwechslung und Ausgleich",
- o „Befreiung von Bindungen",
- o „Erlebnis- und Interessenfaktoren."[27]

Die Reisemotive werden in der Literatur zusätzlich differenziert nach den Kategorien „Hin-zu- und Weg-von-Motive". Bei den „Hin-zu-Motiven" dominieren das Interesse an fremden Regionen und die Selbstverwirklichung. Bei den „Weg-von-Motiven" stehen die Alltagsflucht bzw. der Abstand zur Arbeitswelt im Vordergrund.[28] Pompl, W. spricht in diesem Zusammenhang von „Push- und Pull-Faktoren".[29]

Freyer, W. vertritt hinsichtlich der „Weg-von-Reise" die Ansicht, dass sich der Gast im Urlaub eine Gegenwelt zur Alltagswelt aufbaut. Viele Einzelmotive würden in das Hauptmotiv „Flucht aus dem Alltag" münden. Hierbei wird deutlich, dass es sich bei den Reisemotiven meist nicht um einzelne Motive sondern um „Motivbündel" handelt.

„Reisen ist häufig Wegreisen, Flucht vor den täglichen Problemen, sei es vor der unbefriedigenden Situation am Arbeitsplatz, vor den Konflikten oder vor Großstadt- und Beziehungsproblemen zu Hause. Meist existieren keine Vorstellungen über das Wohin."[30]

Mit den Motiven der Erholung und der Alltagsflucht stimmt schon Mark Twain im Jahre 1878 bei seinem „Bummel durch Europa" überein. Auf seiner Reise durch den Schwarzwald,

---

[26] Einen Überblick über die Reisemotivforschung gibt Braun, O.L. (1993). (Urlaubs-) Reisemotive in: Hahn, H./Kagelmann, H (Hrsg.) Tourismuspsychologie und Tourismussoziologie. Ein Handbuch zur Tourismuswissenschaft. München: Quintessenzverlag, S. 200ff.
[27] Vgl. Hartmann, K.D. (1962). Zur Ermittlung von Urlaubsmotiven und Urlaubserwartungen. Starnberg: Studienkreis für Tourismus. Eigenverlag. Zitiert nach Braun, O.L. (1993). (Urlaubs-) Reisemotive a.a.O., S. 202ff.
[28] Vgl. Freyer, W. (2007). a.a.O., S. 199.
[29] Vgl. Pompl, W. (1996). Touristikmanagement 2. Springer Lehrbuch: Heidelberg, S. 18ff.
[30] Freyer, W. (2006). a.a.O., S. 60.

spricht er von „ (...) edlen Wäldern, die ein Gefühl tiefer Zufriedenheit hervorrufen. (...) das Gefühl, dass die Alltagswelt weit entfernt und dass man von ihr und ihren Angelegenheiten vollkommen befreit sei."[31]

Das Motiv der Reise kann je Gast also sehr unterschiedlich sein.

So differieren die Motive zwischen „am Nachtleben teilhaben", „Zeit für sich selbst haben", „frei sein", „Wunsch nach Sonne, Wärme und schönem Wetter" oder neben zahlreichen anderen Motiven „Landschaft und Natur erleben". Nach Bieger, T. sticht jedoch insbesondere der Wunsch nach dem Naturerlebnis sowie nach Zeit mit dem Partner und der Familie hervor.[32]

Bezogen auf die Destination Schwarzwald gewinnen diese beiden Motive eine besondere Bedeutung, da sie sich im Schwarzwald sehr gut erfüllen lassen.

Zusammenfassend kann festgestellt werden, dass Reisen durch komplexe Entscheidungsprozesse charakterisiert ist. Um sich auf die aktuellen Bedürfnisse und somit das Kaufverhalten des Gastes einstellen zu können, ist die Tourismus- und Freizeitwissenschaft stets auf der Suche nach zentralen Reise- und Freizeitmotiven.

Insgesamt geht aus allen Studien das Motiv des Vergnügens und der Erholung als Hauptmotiv der Touristen hervor. Wobei anzumerken ist, dass das Erholungsverständnis des Einzelnen zum Teil stark variieren kann. Zum einen ist das subjektive Empfinden nicht in jeder Lebensphase gleich, zum anderen bestehen kulturelle Unterschiede je nach Herkunft.

2.1.5 Die Destination in der Tourismuslehre

Unter einer Destination ist ein geographischer Raum (Ort, Region, Weiler) zu verstehen, den der jeweilige Gast als Reiseziel auswählt.[33] Dieser geographische Raum wird vom Gast in seiner Größe selbst bestimmt. Er kann ein Ort, eine Region oder ein Land sein.[34]

Somit beinhaltet eine Destination eine Vielzahl von Einrichtungen, wie Unterkunft, Restaurants und Unterhaltungsangebote. Diese werden vom Gast als Leistungsbündel konsumiert. Der Reisende wählt anhand seiner individuellen Bedürfnisse eine bestimmte Destination aus, deren Leistungen seinen Nutzen der Reise am besten erfüllt und welche als Produkt seinen Erwartungen am meisten entspricht. Damit stellt die Destination die Wettbewerbseinheit im so genannten Incoming-Tourismus dar.[35]

---

[31] Twain, M. (1990). Bummel durch Europa. Zürich: Diogenes Taschenbuch. (Originalausgabe 1880 "A Tramp Abroad"), S. 152.
[32] Vgl. Bieger, T. (2002b). a.a.O., S. 43.
[33] Vgl. Bieger, T. (2002a). Management von Destinationen. 5te. Aufl. München: Oldenbourg Wissenschaftsverlag, S. 56.
[34] ebd., S. 57.
[35] ebd., S. 55ff.

Im heutigen Verständnis von Tourismus wird der Auslandsaufenthalt (Outgoing-Tourismus) und das inländische Reisen (Incoming-Tourismus) subsumiert. Der Incoming-Tourismus beinhaltet den Empfang und Aufenthalt von Touristen, Reisenden und Gästen in einer bestimmten Destination oder in einer Zielregion.[36] Dabei wird der hereinkommende oder ankommende Tourismus aus Sicht einer Destination betrachtet. Dies können Reisende aus dem Ausland als auch dem Inland sein.

In Deutschland beispielsweise verreisen seit einigen Jahren konstant mehr Menschen innerhalb des Landes als ins Ausland. Hierauf wird in Kapitel 4. 2 näher eingegangen.

Die vorliegende Studie beschäftigt sich mit dem Incoming-Tourismus der Destination Schwarzwald. Das Thema Outgoing-Tourismus wird lediglich hinsichtlich allgemeiner Reisemotive und Reisetrends der deutschen Urlauber gestreift.

2.2 Der Schwarzwald

2.2.1 Namensherkunft des Schwarzwaldes

Der römische Geschichtsschreiber Tacitus erwähnt den Schwarzwald als „montis Abnobae", den Berg Abnoba[37] an den Quellen der Donau[38] bereits um 98 n. Chr. Auch die Bezeichnung „Abnoba silva" oder „mons Abnoba" wird von den Römern für den Schwarzwald verwendet.[39] Dies entspricht der üblichen Bezeichnung der Römer für markante Gebirgszüge oder Waldgebiete im nördlichen Mitteleuropa. Aus „mons" oder „montis" - dem Berg oder Gebirge leitet sich das „Monstrum" - das Ungeheuer - ab. Mit „Silva" wird der Wald bezeichnet. Auch der Begriff „Saltus" kommt vor, wenn ein Waldgebirge, eine Schlucht oder ein Sumpf beschrieben wird.[40] Diese schwer zu durchdringenden und schwer zugänglichen Naturräume führten bei den Römern nach Gerlach, F. zu übertriebenen Vorstellungen. Von „Riesenwuchs der Urwälder" und „grauenvollem Dunkel" in den „Sümpfen und Wäldern Germaniens" ist da die Rede.[41]

Erstmals in der heutigen Form erwähnt ist „Svarzwald" in einer Urkunde des Klosters St. Gallen im Jahre 868.[42] Im Frühmittelalter werden mit „saltu svarzwald" weitere hochgelegene Nadelwälder in Mittel- und Süddeutschland bezeichnet. Der Name hat sich allerdings nur im heutigen Schwarzwald erhalten. Erst zwischen dem 10. und 13. Jahrhundert wird der

---

[36] Vgl. Althof, W. (1996). a.a.O., S. 7.
[37] In der weiteren Ausführung zu verstehen als lang gestrecktes Bergmassiv.
[38] Vgl. Gerlach, F. / Wackernagel, W. (1835). Tacitus Germania. Text Übersetzung Erläuterung. Basel: In der Schweighauserischen Buchhandlung, S. 64f.
[39] Beck, H. u.a. (Hrsg.) (2004). Reallexikon der Germanischen Altertumskunde. Schwarzwald. Berlin: de Gruyter Verlag. Band 27, 2. Auflage, S. 442.
[40] Vgl. PONS Wörterbuch für Schule und Studium (2007). Latein. Stuttgart: Klett Verlag.
[41] Gerlach, F. / Wackernagel, W. (1835). a.a.O., S. 66.
[42] Vgl. Beck, H. u.a. (Hrsg.) (2004). a.a.O., S.442.

Schwarzwald flächenmäßig besiedelt. Hierfür werden „die naturräumlichen Verhältnisse und Verkehrsfeindlichkeit"[43] als ursächlich angenommen.

2.2.2 Geografische Lage der Ferienregion Schwarzwald

Als größtes zusammenhängendes Mittelgebirge Deutschlands liegt der Schwarzwald im Südwesten von Baden-Württemberg und damit im Drei-Länder-Eck zwischen Deutschland, Schweiz und Frankreich. Nach Westen - zum Nachbarland Frankreich hin - fällt das Gebirge bis auf 200 m ü NN steil ab während es im Osten bis auf 600 m ü NN abflacht. Auf einer Fläche von 6000 Quadratkilometern, ist der Schwarzwald rund 155 km lang und zwischen 20 km und 60km breit.

Wie in Abbildung Nr. 1 ersichtlich, bildet der Schwarzwald zwischen den Städten Karlsruhe und Stuttgart, dem Bodensee und Basel in der Schweiz vereinfacht dargestellt ein lang gestrecktes Rechteck.

Abb. 1: Lage des Schwarzwaldes in Deutschland

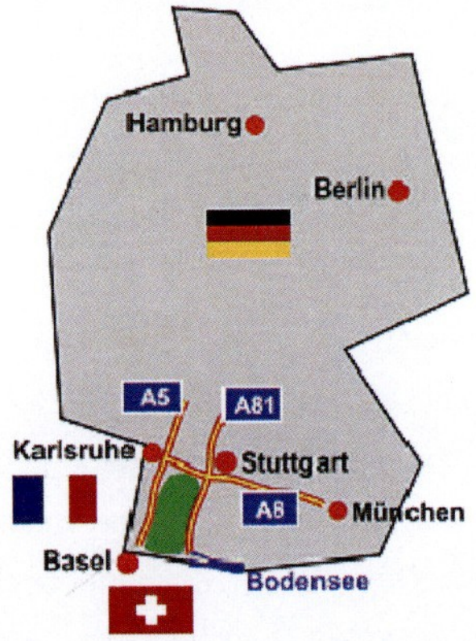

Quelle: multimedia-service, Fischer[44]

In Geodaten ausgedrückt – Details hierzu werden in Kapitel 3 ausgeführt - befindet sich der Schwarzwald zwischen dem 47. und 49. Breitengrad nördlicher Breite und dem 7. und 8. Längengrad östlicher Länge. So liegt Karlsruhe beispielsweise auf dem 49. Breitengrad, Freiburg auf dem 48. und Lörrach bzw. Basel ca. bei 47° 30' Grad nördlicher Breite. In West-Ost- Ausdehnung liegt der Schwarzwald ca. zwischen 7° 40' und 8° 45' östlicher Länge.

---

[43] Vgl. Beck, H. u.a. (Hrsg.) (2004). a.a.O., S.442.
[44] Vgl. Fischer-Multimedia-Service. (Hrsg). (2010). Schwarzwald. Internet: http://www.schwarzwald.com/karte/ (Stand: 05.10.2010).

Die touristischen Regionen des Schwarzwaldes gehen über das geografische Mittelgebirge hinaus. Sie schließen das Rheintal, die Reblande mit badischen Weinanbaugebieten, die Baar, das Gäu und die Flusstäler von Nagold und Neckar ein. Insgesamt umfasst die Ferienregion Schwarzwald rund 11.100 Quadratkilometer Fläche und wird von rund 2,95 Mio Einwohnern bewohnt. Der Schwarzwald ist somit eine der größten regionalen Destinationen in Deutschland.[45]

Abb. 2: Die Ferienregion Schwarzwald im Überblick

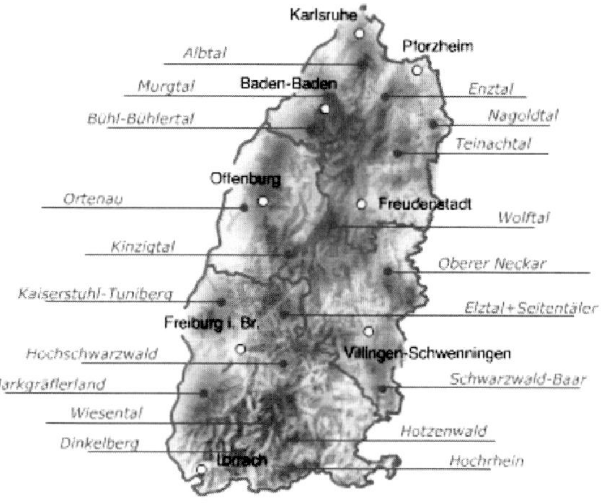

Quelle: Schwarzwald Tourismus Gesellschaft (STG)[46]

Mehr als die Hälfte der Ferienregion Schwarzwald sind als Naturpark ausgewiesen. Mit umweltgerechter Landnutzung wird im Naturpark Schwarzwald Mitte/Nord und im Naturpark Südschwarzwald versucht die landschaftliche Vielfalt zu erhalten und Tourismus somit nachhaltig zu fördern.[47]

---

[45] Vgl. Schwarzwald Tourismus Gesellschaft (Hrsg.). (2010a). a.a.O.
[46] Vgl. Schwarzwald Tourismus Gesellschaft (Hrsg.). (2010a).a.a.O.
[47] Vgl. Schwarzwald Tourismus Gesellschaft (Hrsg.). (2010c). Naturparke. Internet: http://www.schwarzwald-tourismus.info/reisethemen/natur_erleben/naturparke (Stand: 05.10.2010).

2.2.3 Der Wald als touristisches Kapital

Der Schwarzwald ist mit rund 365.000 ha Forstfläche die waldreichste Landschaft in Baden-Württemberg. Im nördlichen Teil herrschen dichte Nadelwälder vor. Die Waldflächen im mittleren und südlichen Schwarzwald sind stärker durch landwirtschaftliche Nutzflächen, wie Wiesen und Äcker und somit freie Flächen aufgelockert. Insbesondere durch das Wechselspiel zwischen Höhenlagen und Rheinebene ergeben sich auf engstem Raum abwechslungsreiche Landschaften mit vielseitiger Fauna und Flora.

Zu Zeiten der Industrialisierung wurde der Wald unter anderem durch Flößer, Glasmacher und Köhler intensiv genutzt. Der Baumbestand sank und die Walddichte betrug um das Jahr 1800 nur noch rund 32%. Aufforstungsprogramme – hauptsächlich mit schnell wachsender Fichte – sorgten dafür, dass im Jahre 1985 wieder 53% und im Jahre 2002 bereits wieder 75% des Schwarzwaldes bewaldet waren.[48]

Neben dem wirtschaftlichen Nutzen durch gesicherte Holzerträge gewinnen - spätestens mit der Einführung des Bundeswaldgesetzes im Jahr 1975 - auch im Schwarzwald die Schutzfunktion der Umwelt sowie der Erholungswert des Waldes für die Bevölkerung an Bedeutung.[49] Für den Tourismus bedeutend ist das Privileg, dass in Deutschland im Gegensatz zu zahlreichen anderen europäischen Staaten, der Wald zum Zwecke der Erholung frei betreten werden darf (§ 14 BWaldG; § 37 LWaldG). Eingeschränkt wird das Betretungsrecht unter anderem bei Waldpflegemaßnahmen, wie Holzfällarbeiten oder in besonderen Schutzgebieten des Waldes, wie beispielsweise Naturschutzgebieten oder Bannwäldern.[50]

In Deutschland gehören die Wälder zu den beliebtesten Erholungsgebieten. So suchen etwa zwei Drittel der Deutschen mindestens einmal im Jahr einen Wald auf. Insgesamt wird mit rund 1,5 Milliarden Waldbesuchen pro Jahr gerechnet.[51] Dabei gehen die Besucher sehr verschiedenen Aktivitäten nach. Dazu gehören: Picknick, Wandern, Joggen, Rad fahren, Wintersport, Reiten, Sammeln von Pilzen und Beeren und Beobachten von Wildtieren.[52] Abbildung Nr. 3 zeigt eine Familie beim Spaziergang durch den Wald.

---

[48] Vgl. Schwarzwald Tourismus GmbH. (Hrsg.). (2006). a.a.O., S. 21.
[49] Vgl. § 1 Bundeswaldgesetz (BWaldG); § 1 Waldgesetz für Baden-Württemberg (LWaldG).
[50] Vgl. § 37 LWaldG; § 23 Bundesnaturschutzgesetz (BNatSchG), Naturschutzgebiete.
[51] Forstliche Versuchs- und Forschungsanstalt Baden-Württemberg. (Hrsg.). (2010). Zukunftswald. Internet: http://www.zukunftswald.de/page.php?katid=314&PHPSESSID=d55ed99cfddfe093de7d2a91d3d52f42 (Stand: 12.10.2010).
[52] ebd.

Abb. 3: Spaziergänger – Familie im Wald

Quelle: Forstliche Versuchs- und Forschungsanstalt Baden-Württemberg

Die Gästezahlen bestätigen, dass der Wald mit seiner Erholungsfunktion ein wichtiges Entscheidungskriterium bei der Wahl der Urlaubsdestination ist. Im Schwarzwald verzeichnen die Feriengemeinden die höchsten Gästezahlen, die einen hohen Waldanteil haben.[53] Beispielsweise gilt die Tourismusgemeinde Baiersbronn als waldreichste Feriengemeinde Baden-Württembergs. Mit einem Waldanteil von rund 80% scheint der Slogan - „Mehr Schwarzwald gibt's nirgends" – gerechtfertigt. Tatsächlich liegt die Gemeinde bei den „15 übernachtungsstärksten Orten im Schwarzwald"[54] mit 718.421 Übernachtungen auf Platz Vier. Dies macht sie zur größten Tourismusgemeinde. Auf den Plätzen davor liegen die städtischen Hochburgen Freiburg (1.254.520 Übernachtungen), Karlsruhe (820.005) und Baden-Baden (765.776).

Die Schlussfolgerung: "Je mehr Wald – desto besser für den Tourismus", wäre jedoch ein Trugschluss. Das Gegenteil ist der Fall. Der Wechsel zwischen Wald und Offenland wird „(...) von Gästen wie Einheimischen als typisch und identitätsstiftend für eine Region empfunden."[55] Gehen Aussichtspunkte verloren, kann dies für Urlauber den Erholungswert sowie für die ortsansässige Bevölkerung die allgemeine Lebensqualität einschränken.

Sich ausbreitender Wald überwuchert zudem alte Elemente der Kulturlandschaft, wie beispielsweise alte Grenzsteine. Kulturelle Attraktionen verschwinden „und (der) Wert einer Landschaft als Archiv kulturellen Erbes"[56] wird gemindert. Die Ferienregionen des Schwarzwalds sind daher bestrebt mit verschiedenen „Offenhaltungs-Initiativen", wie Weideprojekte

---

[53] Vgl. Schwarzwald Tourismus Gesellschaft. (Hrsg.). (2006). a.a.O., S. 22.
[54] Schwarzwald Tourismus Gesellschaft. (Hrsg.). (2010b). a.a.O., S. 8.
[55] Landesamt für Umwelt, Messungen und Naturschutz Baden-Württemberg (LUBW). (Hrsg.) (2008). Merkblatt: Offenhaltung der Landschaft Stand: November 2008.
[56] ebd.

und Regionalvermarktung eine weitere Waldausdehnung zu verhindern und somit den Tourismus nachhaltig zu fördern.[57]

2.2.4 Historischer Abriss zur Entwicklung des Tourismus im Schwarzwald[58]

Die von Freyer, W.[59] beschriebenen „Boomfaktoren des Tourismus" lassen sich bei der Entwicklung des Fremdenverkehrs im Schwarzwald gut beobachten.

Tourismus zu Freizeit-, Erholungs- und Vergnügungszwecken[60] beginnt im Schwarzwald etwa Mitte des 19. Jahrhunderts. Davor sind es einzelne „Geschäftsreisende", die zu Aufbau und Pflege wirtschaftlicher Beziehungen auf historischen Handelswegen den Schwarzwald durchqueren. Mit reisetypischen Aspekten wie, Organisation der An- und Abreise, Verpflegung und Unterkunft entwickelt sich nach und nach eine Infrastruktur für Reisende. Wobei das touristische Angebot im Vergleich zu heute weit aus weniger vielfältig und kundenorientiert ist. Die Zweckmäßigkeit der einfachen Versorgung und Unterkunft stehen im Vordergrund.

Mit der verkehrstechnischen Erschließung des Schwarzwaldes durch die Eisenbahn[61] - Mitte des 19. Jahrhunderts - erhält die wirtschaftliche Entwicklung der Orte entlang der Bahnlinien einen kräftigen Schub (Boomfaktor: „Motorisierung und Mobilität"). Neben der verarbeitenden - und herstellenden Industrie, wie beispielsweise der Uhrmacherindustrie mit den international bekannten Kuckucksuhren, profitiert in erster Linie der Tourismus. Seit dem Bahnbau ist es möglich, auf unbeschwerliche Weise in den Schwarzwald zu gelangen. Immer mehr Touristen, vortrefflich aus den umliegenden städtischen Ballungsgebieten, suchen sommers wie winters zum privaten Vergnügen, zum romantischen Naturerleben und zur Erholung die Höhen des Schwarzwaldes auf (Boomfaktor: „Bevölkerungswachstum und Verstädterung").

Diverse örtliche Verschönerungsvereine und der 1864 in Freiburg gegründete Schwarzwaldverein sorgen dafür, dass die Gäste gut ausgebaute und beschilderte Wanderwege, Wanderkarten und Ausflugsziele vorfinden. Hotellerie und Gastronomie verstärken mit Übernachtungs- und Einkehrmöglichkeiten die touristische Infrastruktur (Boomfaktor: „Ausbau der Tourismusindustrie").

Die Verbreitung des Automobils in den 1920er Jahren und das aufkommende „Autowandern" auf speziellen touristischen Routen, wie beispielsweise der Schwarzwaldhochstraße im

---

[57] ebd.
[58] Vgl. Schwarzwald Tourismus GmbH (Hrsg.). (2006). a.a.O., S. 7.
[59] Vgl. Freyer, W. (2001). Tourismus. Einführung in die Fremdenverkehrsökonomie. 7. Aufl. Oldenburg Verlag, S. 14.
[60] Vgl. World Tourism Organization (WTO) (1995): Technical Manual. Collection of Tourism Expenditure Statistics, PDF, S. 14.
[61] Zum Vergleich: Erste Zugfahrt in Deutschland: Nürnberg - Fürth 1833; Bahnlinien Schwarzwald: Heidelberg – Karlsruhe 1843, Schwarzwaldbahn Offenburg – Singen 1873; Gäubahn Stuttgart – Freudenstadt 1879; Höllentalbahn Freiburg – Donaueschingen 1887.

Nordschwarzwald, kurbeln den Tourismus zusätzlich an. Wer keinen eigenen PKW hat, reist mit dem Postbus, der so genannten Kraftpost - Deutschlands erstem Unternehmen zur Personenbeförderung[62] - an.

Abbildung 4 zeigt einen gelben Bus der Kraftpost im August 1962 an einer Haltestelle in Bernau im Schwarzwald.[63]

Abb. 4: Mit der Kraftpost in den Schwarzwald

Quelle: Badische Zeitung, Foto: Pro[64]

In den 1950er und 1960er Jahren sorgt das „Wirtschaftswunder" in Deutschland für zunehmenden Wohlstand. Steigende Löhne und sinkende Arbeitszeit führen dazu, dass sich auch der „Durchschnittsarbeiter" einen Erholungsurlaub im Schwarzwald leisten kann (Boomfaktor: „Einkommen und Wohlstand"). Die neu entstandene Reisefreude der Deutschen führt auch im Schwarzwald zu einem Besucherandrang (Boomfaktor: „Urlaub, Freizeit und Wertewandel").

Mitte der 1990 Jahre sorgt die Gesundheitsstrukturreform für eine Krise im Kurwesen. Die Übernachtungen in (Luft-) Kurorten und Bäderorten fallen um bis zu 40%. Dennoch sind Kliniken auch heute noch mit 17% aller Übernachtungen fester Bestandteil der Tourismusentwicklung im Schwarzwald.[65]

Das Ende des 20sten und der Beginn des 21sten Jahrhunderts stehen im Zeichen verstärkter Kommunikation und Vernetzung. Die Gebietsgemeinschaften nördlicher, mittlerer und südlicher Schwarzwald schließen sich zur „Schwarzwald Tourismus GmbH, (STG)" zusammen. Die Ferienregion Schwarzwald wird unter anderem auf Messen, in Printmedien und insbesondere im Internet unter dem Markennamen „herz.erfrischend.echt" als Gesamt -

---

[62] Vgl. Stern, V. (Hrsg.). (o.J.). Kraftpost. Internet: http://www.kraftpost.de (Stand: 05.09.2010).
[63] Vgl. Badische Zeitung (Hrsg.). (2009). Mercedes und Milchkanne. Tageszeitung Beitrag vom 30.11.2009 zum Buch von Stern, V. Mit der Kraftpost in den Schwarzwald. Internet: http://www.badische-zeitung.de/kultur-sonstige/mercedes-und-milchkanne--22003132.html (Stand: 07.09.2010).
[64] Vgl. Badische Zeitung (Hrsg.). (2009). Mercedes und Milchkanne. Tageszeitung Beitrag vom 30.11.2009. a.a.O.
[65] Vgl. Schwarzwald Tourismus Gesellschaft. (Hrsg.). (2010b). a.a.O., S. 13.

Urlaubsdestination einheitlich vermarktet (Boomfaktor: „Entwicklung des Kommunikationswesens").

Die heutigen Profilthemen des Schwarzwaldes sind zum einen Aktivurlaub mit Wandern und Rad- bzw. Mountainbike - Fahren und zum andern Genießerurlaub mit Kulinarik und Wellness.[66]

Eine detaillierte Darstellung der Entwicklung des Tourismus im Schwarzwald würde den Rahmen dieser Studie sprengen. Daher wird auf die „Begleitbroschüre 100 Jahre Schwarzwald Tourismus - Streifzug durch 100 Jahre Verbands- und Tourismusgeschichte"[67] verwiesen.

2.2.5 Der typische Schwarzwaldurlauber

Um sich als Touristiker auf die Kundenbedürfnisse einstellen und die touristischen Angebote entsprechend ausrichten zu können, ist es entscheidend den Gast, der den Schwarzwald besucht, zu kennen. Aus den statistischen Werten vergangener Jahre hat sich in 2003 folgendes Bild gezeichnet.

Der typische Schwarzwaldurlauber ist:[68]

- älter als 50 Jahre (68%),
- verheiratet (73%),
- hat Hauptschulabschluss (40,6%),
- ist Arbeiter oder Angestellter (18% bzw. 23,7%),
- hat ein Monats-Nettoeinkommen von 1.250 – 1.500 Euro (49%),
- benutzt zur Anreise seinen PKW (85%),
- ist Wanderer oder geht gerne Spazieren und
- sucht Ruhe, Natur und Gesundheit.

Die Naturverbundenheit und die Neigung zum Wandern und Spazierengehen deckt sich - dies sei an dieser Stelle vorweggenommen - mit den in der empirischen Erhebung unter Kapitel 5 in diesem Buch dargestellten Interessen des aktiven Geocachers.

„Der Schwarzwaldurlauber bleibt zwar kürzer als früher. Dafür ist er aber bereit, pro Tag mehr Geld auszugeben. Und er ist gewillt, auch öfters zu kommen." Dies jedoch nur, wenn Attraktionen wie Erlebnis-, Erholungs- und Wellnessangebote vorhanden sind.[69]

---

[66] ebd., S. 4.
[67] Vgl. Schwarzwald Tourismus GmbH. (Hrsg). (2006). a.a.O.
[68] Vgl. Schwarzwald Tourismus GmbH. (Hrsg.). (2008). Marketingkonzept der Schwarzwald Tourismus GmbH – überarbeitete Fassung 09/2008, in Anlehnung an Reiseanalyse (RA) 2003. FUR, S. 21ff.
[69] Vgl. Loheide, B. (2010). Wetter: Touri-feindlich. Presseartikel. In: Schwarzwälder Bote. Regionalzeitschrift vom 07.08.2010. Eigenverlag: Rottweil.

Ein solches Erlebnisangebot könnte das im nachstehenden Kapitel beschriebene Geocaching als ergänzendes Freizeitangebot am Urlaubsort sein. Aus diesem Grund wurde im Vorfeld der Studie der Schwarzwald und dessen typisierte Schwarzwaldurlauber als repräsentative Urlaubsdestination bzw. Erhebungsdaten für die Erhebung ausgewählt.

3 Geocaching – Begriffe und Erläuterung

3.1 Die Historische Entwicklung des Geocaching

„Die Kunst der Orientierung nach den Gestirnen setzt das Wissen um sie voraus."[70]

Die Motivation um das Wissen um die Gestirne und die Navigation war - wie im obigen Zitat - historisch meist militärisch geprägt. Die zivile Nutzung der Navigation wurde jedoch nie vernachlässigt. Dennoch lag die militärische Nutzung stets im Vordergrund und das GPS (Global Positioning System) wurde für zivile Zwecke bis zu einer Genauigkeit von maximal 100 Metern zugelassen. Als am 01.Mai 2000 der amerikanische Präsident Clinton das GPS-Signal zur freien Verfügung für jedermann erklärte, hat sich aus der reinen ursprünglich militärischen Nutzung auch ein Trendsport entwickelt: Geocaching.

Bereits am 03. Mai 2000 versteckte Dave Ulmer einen Behälter, gefüllt mit Süßigkeiten, in den Wäldern außerhalb Portlands, Oregon als feierliche Zeremonie der Aufhebung der selektiven Verfügbarkeit des GPS-Systems.[71] Er veröffentlichte die Position des Verstecks in einem Posting in der Newsgroup sci.geo.satellite-nav. Als das Versteck bis zum 06.Mai 2000 bereits zwei Mal gefunden und in einem so genannten „Logbuch" protokolliert wurde, war ein neuer Freizeittrend geboren worden. Innerhalb weniger Tage wurden in Kalifornien, Kansas und Illinois weitere Verstecke angelegt und bereits im ersten Monat war ein Versteck in Australien platziert.

Im Juli 2000 wurde die Spielplattform „Geocaching" genannt und von Jeremy Irish mit verschiedenen Spielarten im Internet jedem zugänglich gemacht.[72] Im Mai 2010 wurden zahllose Feierlichkeiten veranstaltet, die das 10-jährige Jubiläum zelebrierten und die Teilnehmer sogar mit einem speziellen Icon – Erläuterungen folgen im Kapitel 3.4 - in der Spielplattform belohnten.

---

[70] Vgl. Reimer, H. (1943). Sonne. Mond. Polarstern. Als Kameraden des Frontsoldaten. Ein neuer Weg zur Klarheit über den Himmel in allen Breiten der Erde. Berlin: Helm Verlag, S.5.
[71] Vgl. Teßmer, P./Laufer, T./Hansen, D./Hidde, M. (2004). Geocaching der junge Sport für Jedermann. Eislingen. Luazul Verlag, S. 13.
[72] ebd., S. 14.

3.2 Die Funktionsweise der Satellitennavigation

Nachstehend wird in kurzen Grundzügen die Funktionsweise der Satellitennavigation dargestellt, um die Arbeitsweise der GPS-Geräte zu erläutern. Dieses Hintergrundwissen wird jedoch mit dem Ziel der Studie nur stark vereinfacht dargestellt.

Da verschiedene Anbieter von GPS-Geräten am Markt tätig sind, wird mit dem Gebot der Neutralität nicht auf Gerätedetails eingegangen. Zusammenfassend haben sich jedoch die Hersteller Garmin und Magelan durchgesetzt, wobei trendbedingt laufend neue Geräte - auch von anderen Herstellern - auf den Markt gelangen.

Abb. 5: Satellitennavigation zur Positionsbestimmung

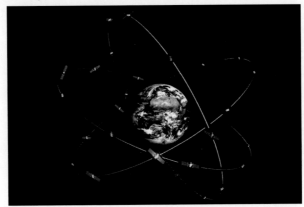

Quelle: Spiegel[73]

Beim ersten Einschalten eines GPS-Gerätes gleich welcher Marke - versucht dieses die eigene Position festzustellen. Das GPS-Gerät beginnt mit der Erfassung der Satelliten (Acquiring Satellites) zur Errechnung der aktuellen Position. Diese Navigationssatelliten im Weltall sind im Regelfall mit Sendern und Empfängern ausgestattet. Man bezeichnet sie als aktive Satelliten. Die ersten Navigationssatelliten sind die Satelliten der amerikanischen Serie Transit von 1964. Eines der heute wichtigsten Satellitensystem ist das Global Positioning System kurz GPS, das den Handgeräten, welche für die Geocachingsuche verwendet werden, seinen Namen gab. Dieses Global Positioning System besteht aus 24 Navigationssatelliten und dient – wie schon in der Einleitung ausgeführt - der militärischen und zivilen Nutzung. Die Satelliten bewegen sich in exakt 20.000km Höhe auf sorgfältig vermessenen Bahnen. Die Satelliten senden fortlaufend Positionssignale, die mit Hilfe von Sendern auf der Erde empfangen werden.

---

[73] Vgl. Becker, M. (2008). „Galileos" ungewisse Zukunft. In: Spiegelonline. Internetpublikation. Internet: http://www.spiegel.de/fotostrecke/fotostrecke-30966.html (Stand: 15.09.2010).

Nutzt man nun einen Rechner, der über eine kleine Antenne die Zeitdaten (meist erfasst durch Atomuhren) der GPS-Satelliten empfängt, kann aus vier bis meist acht Signalen der verschiedenen Satelliten eine eigene Position errechnet werden. Exakt dieses setzt jedes einzelne GPS-Gerät um und errechnet so die aktuelle Position.

Zur Positionsbestimmung am aktuellen Ort ist die Erde in Längengrade und Breitengrade eingeteilt. Die Längengrade verändern sich, in den Richtungen Nord oder Süden, während die Breitengrade nach Osten oder Westen ausgerichtet sind.

Um nun zu navigieren oder einen exakten Standort zu definieren, werden diese Längen- und Breitengrade eingesetzt. Jeder Ort der Erde kann über die Angabe von Breiten- und Längengrad exakt bestimmt und zugeordnet werden. Die Navigation oder die Bestimmung mittels eines Grads ist natürlich noch sehr grob - weshalb wie bei Winkeleinheiten üblich - die Grade in Minuten und Sekunden bzw. Zehntelminuten unterteilt werden (1 Grad = 60 Minuten; 1 Minute = 60 Sekunden). Angewendet werden diese Winkeleinheiten in so genannten geodätischen Gittern, von denen zahlreiche - je nach Zweck und Historie vorhanden sind.

Auf eine weitere Vertiefung soll an dieser Stelle bewusst verzichtet werden, da die Studie ausschließlich auf der Anwendung des nutzenden Geocachers und nicht dem technischen Hintergrund basiert.

3.3 Die Ziele und Spielweise von Geocaching

Das Hauptziel von Geocaching ist es, mit Hilfe des GPS-Gerätes einen von anderen Mitspielern versteckten „Cache" oder auch engl. „stash" - übersetzt geheimes Versteck / Schatz - zu suchen und zu finden (engl. cache hunt). Nun befinden sich in diesen Verstecken, welche im Regelfall in Plastikdosen untergebracht sind, keine wirklichen Schätze, sondern kleine Gegenstände zum Tauschen (engl. goodies) und ein Notizbuch, das so genannte Logbuch. In dieses wird der Fund (engl. find) mit Namen - als für das Spiel verwendetes Pseudonym (engl. nickname) -, das Datum, die Uhrzeit und ein paar Worte zur „Schatzbergung" eingetragen.

Der erfolgreiche Fund wird auch nachträglich im Internet registriert (geloggt), so dass der Eigentümer des Geocaches erkennt, dass er gefunden wurde. Dies ist auch für andere Teilnehmer im Internet sichtbar. Je Fund eines Caches wird ein Punkt vergeben, der dem Finder in seiner Statistik zugesprochen wird. Verschiedene Arten von Geocaches, welche nachstehend erläutert werden, erzeugen in dem Internetprofil des Teilnehmers die entsprechenden Symbole, so genannte Icons, welche wiederum die Vielfältigkeit des Teilnehmers gegenüber Dritten dokumentieren. Die Bepunktung jedes Geocaches - unabhängig von Art und Schwierigkeit - erfolgt identisch. D.h. je Fund wird ein Punkt vergeben.

Versteckt werden die Geocaches an vom Verstecker (engl. stasher oder auch owner – für Geocache-Besitzer) ausgemessenen Punkten, die mit Hilfe der Koordinaten und des GPS-Gerätes definiert werden. Hierbei werden jene im vorigen Kapitel erwähnten - die gesamte Erde umspannenden - Koordinatensysteme[74] verwendet.

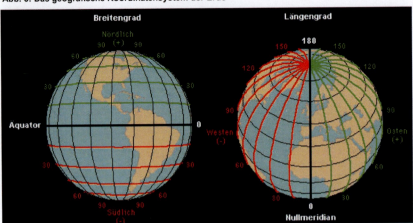

Abb. 6: Das geografische Koordinatensystem der Erde

Quelle: Göppert, R./ Spatzier, R.[75]

Der suchende Geocacher verwendet exakt diese Koordinaten mit dem Selben Koordinatensystem in seinem GPS-Gerät und sucht den versteckten Geocache.[76] Die Genauigkeit der Koordinaten bzw. der Suche nach dem versteckten Geocache hängt vom Gerätetyp und der aktuellen Empfangsgenauigkeit ab. Nicht selten kann eine Genauigkeit von 3 Metern erreicht werden. Ist der Himmel jedoch bedeckt oder werden Satellitensignale durch Felswände oder Häuser abgeschattet, kann die Genauigkeit auf bis zu 30 Meter abnehmen.

Zur Erhöhung des Suchreizes und zum Schutz vor unbefugten Zugriffen wird der Geocache vom Verstecker getarnt – jedoch nicht vergraben. Diese Tarnung wird von jedem Finder des Geocaches wiederholt, um dem nachfolgenden Spielteilnehmern die Selbe Herausforderung zu bieten.

---

[74] Vgl. Teßmer, P./Laufer, T./Hansen, D./Hidde, M. (2004). a.a.O., S. 20.
[75] Vgl. Göppert, R./ Spatzier, R. (2010). Welche geografischen Daten hat Bocholt. Internet: http://www.bocholt.de/seiten/bocholt/serviceangebote/stadtplaene.cfm?artikelblockNr=131. (Stand: 15.09.2010).
[76] Vgl. Hoecker, B. (2007). Aufzeichnungen eines Schnitzeljägers. Mit Geocaching zurück zur Natur. Hamburg: Rowohlt Verlag, S. 22.

Den oder die Geocacher gibt es nicht. D.h. eine Vielzahl von Menschen jeden Alters und beider Geschlechts nehmen an der modernen Schnitzeljagd teil.[77] Auch Gruppen und Familien üben den Trendsport gemeinsam aus. Organisiert ist dieses Spiel im Internet unter der weltweiten Spielplattform www.geocaching.com.

Andere Spielplattformen wie www.navicache.com und die deutsche Variante der Deutschen Wanderjugend www.opencaching.de, die insbesondere den Einstieg in das Hobby in deutscher Sprache erleichtert, sollen an dieser Stelle nicht weiter vertieft werden. Die Art und Weise des Spieles und deren Hintergrund sind identisch.

Die weltweite Spielplattform unter www.geocaching.com hat Pioniercharakter und ist mit mehr als 1,40 Mio. aktiven Geocachen[78] weltweit und ca. 4-5 Mio. Teilnehmern[79] - ebenso weltweit - die unangefochtene Spiel- und Nutzungsplattform des Trendsports.

Die Teilnahme am Spiel ist kostenlos und für jeden möglich. Durch eine Gebühr können Sonderfunktionen - wie beispielsweise Komfortservice für EDV-Downloads - genutzt werden, welche aber für das eigentliche Spiel und die Spielberechtigung nicht erforderlich sind.

Bevor mit der Geocachesuche begonnen wird und insbesondere bevor selbst der erste Geocache versteckt wird, ist es zwingend, sich umfassend über „richtiges" Geocachen zu informieren.

Auf der Spielplattform www.geocaching.com erfährt der Einsteiger unter „getting startet with geocaching" alles Wesentliche zum Thema.

So wird für Einsteiger beispielsweise unter "finding your first geocache" mit den einzelnen Schritten: "research", "safety tips", "the hunt" und "the actual find" ausführlich erläutert, worauf bei der Ausübung des Hobbys zu achten ist.

Für Verstecker wie für Suchende gelten die speziellen Geocaching „guidelines"[80] der Geocacher-Community.[81] Soll ein neuer Geocache platziert werden, wird zuerst von einem so genannten „reviewer" überprüft, ob diese Richtlinien eingehalten werden oder sich der geplante Geocache beispielsweise in verbotenen Gebieten befindet. Aufgrund der Fülle kann der Cache vor Ort nicht überprüft werden. Der jeweilige Cache-Besitzer (engl. owner) ist für das Legen und die Wartung des Caches selbst verantwortlich.

---

[77] Vgl. Henneberger, P. (Studie). (2008). Geocaching als Innovation im Tourismus – Entwicklungspotential für touristische Destinationen in Deutschland. Diplomarbeit. Universität Trier. Abstract, S. 2.
[78] Vgl. Groundspeak (Hrsg.). (2010a). Geocaching. Fact Sheet. Internet: http://www.geocaching.com/articles/ Brochures/footer/FactSheet_GeocachingCom.pdf (Stand: 04.08.2010).
[79] ebd.
[80] Groundspeak (Hrsg.). (2010h). Geocaching guidelines. Internet: http://www.geocaching.com/about/guidelines.aspx (Original). Deutsche Übersetzung: http://www.die-reviewer.info/guidelines.htm (Stand: 02.08.2010).
[81] Eissner, T. (Hrsg.). (2010). Die Reviewer Info - deutschsprachige Reviewer. Deutsche Übersetzung der Original Guidlines von Groundspeak. Internet: http://www.die-reviewer.info/guidelines.htm (Stand: 02.08.2010).

3.4 Erläuterung der Cachetypen und Hintergrund

Mit dem Focus auf das Ziel der Studie werden lediglich die Grundkenntnisse vereinfacht erläutert. Tiefergreifende Erläuterungen oder Spezialausdrücke werden ausdrücklich weggelassen, da die Studie keinen technischen Tiefblick zum Ziel hat und auch keine allumfassende Spieldarstellung sein soll.

3.4.1 Der Tradi-Cache

Bei dem Tradi-Cache handelt es sich um die am weitesten verbreitete Cacheart - oder auch den einfachsten Cachetyp.[82] Die Koordinaten spiegeln die exakte Fundstelle wider, weitere Eingaben im GPS-Gerät oder Berechnungen sind nicht erforderlich. Er besteht meist aus einem Plastikbehälter oder einer Munitionskiste.[83] Darin befinden sich Tauschgegenstände und ein Buch, in das man den Fund eintragen kann.

3.4.2 Der Multi-Cache

Beim Multi-Cache sind mehrere Punkte oder Stationen anzulaufen. Häufig sind die einzelnen Punkte mit Aufgaben oder Rätseln miteinander verbunden und die Zielkoordinaten der nächsten Station müssen zuerst berechnet werden. Die letzte Koordinate, an der der so genannte „Final" – also der eigentliche Geocache versteckt ist, muss entweder aus den zahlreichen Einzellösungen oder anhand eines Hinweises am vorausgehenden Zielpunkt ermittelt werden.

Auch Peilungen oder sonstige Navigationen können - je nach Aufgabe - zum Zielpunkt führen.[84]

3.4.3 Der Mystery-Cache

Beim Mystery-Cache sind vorab Aufgaben und Rätsel zu lösen. Dies kann durch Rechenaufgabe, durch Internetrecherche oder durch sonstiges Fachwissen erfolgen. Durch die Lösung der Aufgaben ergibt sich durch eine weitere Berechnung die Ziel - oder Finalkoordinate, an der der Geocache versteckt ist. Beispielsweise werden gerne die Zielkoordinaten

---

[82] Vgl. Gründel, M. (2008). Geocaching. Basiswissen für draussen. Outdoorhandbuch. 2te Aufl. Welver: C. Stein Verlag, S. 23.
[83] Vgl. Teßmer, P./Laufer, T./Hansen, D./Hidde, M. (2004). a.a.O., S. 65.
[84] Vgl. Teßmer, P./Laufer, T./Hansen, D./Hidde, M. (2004). a.a.O., S. 66.

mit binären, hexadezimalen oder römischen Zahlen verschlüsselt[85] oder Informationen in Bildern, Grafiken oder Dateien versteckt.

Abb. 7: Die Icons der häufigsten Geocachetypen.

     Icon Tradi   Icon Multi   Icon Mystery

Quelle: www.geocaching.com

3.4.4 Sonstige Cachearten

Weitere Cachearten – teilweise nicht mehr von der Internetplattform Geocaching.com unterstützt -, die jedoch mit dem Blick auf das Ziel der Studie und deren Umfang nicht näher beschrieben werden, sind:

- Letterbox Hybrid,
- Earthcache,
- Eventcache,
- Megaeventcache,
- Cito-Event (siehe auch Kapitel 3.6),
- Virtual Cache,
- Webcam Cache,
- Locationsless Cache.

Es existieren auch spezielle Loggegenstände, so genannte Travelbugs[86] oder Geocoins[87] in verschiedensten Ausführungen und Formen. Diese Loggegenstände sind mit einer Aufgabe versehen. D.h. sie sollen beispielsweise von Cache zu Cache wandern oder ein bestimmtes Ziel erreichen. Da auch diese wenig mit dem touristischen Ziel der Studie verbunden sind - sie stellen eine Nebenart des Geocachings dar - wird auf diese Besonderheiten ebenso nicht weiter eingegangen.

Abb. 8: Die Icons Travelbug und Geocoin.

     Icon Travelbug   Icons Geocoin

Quelle: www.geocaching.com

---

[85] Vgl. Gründel, M. (2008). a.a.O., S. 23.
[86] Vgl. Teßmer, P./Laufer, T./Hansen, D./Hidde, M. (2004). a.a.O., S. 70.
[87] Vgl. Gründel, M. (2008). a.a.O., S. 25.

3.5 Entwicklung des Trendsports Geocaching

3.5.1 Umfang und Anzahl der Geocacher

Geocaching hat in den letzten Jahren stark an Bedeutung gewonnen. Abgeleitet werden kann dies aus der Frequenz, innerhalb der einzelne Caches gefunden werden und der absoluten Anzahl an Geocachen und Teilnehmern.

Im August 2010 sind ca. 4 Mio. Geocacher aktiv,[88], welche die Spielplattform www.geocaching.com verwenden. Werden die Spieler der anderen Spielplattformen (teilweise auch Spieler auf mehreren Plattformen) – also www.navicache.com (ca. 60.000 Spieler[89]) und www.opencaching.de (31.110 Spieler[90]) – auf Grund deren Bedeutung vernachlässigt, so nehmen zum Zeitpunkt der Erhebung weltweit mehr als 4 Mio. Menschen am Trendsport Geocaching teil.

Der Trend Geocaching wird über zahlreiche Medien kommuniziert. So entstehen zunehmend Internetseiten von passionierten Geocachern, die ihr Hobby darstellen. Ebenso erscheinen Videos oder Berichte auf Socialnetworks[91] wie Youtube, Twitter oder Facebook, wobei an dieser Stelle die sozialen Netzwerke nicht weiter vertieft werden sollen.

3.5.2 Entwicklung zum Massensport

Die vorigen Ausführungen belegen, dass innerhalb von 10 Jahren - seit Begründung der Spielplattform - eine Idee zu einem Massensport geworden ist. Dieser Massensport hat - wie jede andere Massensportart auch - verschiedene Marktstrategien und Vermarktungen hervorgerufen.

Um das Ziel der Studie im Blickwinkel zu belassen, werden nachstehend nur einige Trends beispielhaft aufgelistet:

- Regionale und überregionale Meisterschaften
- Teambildung mit Bekundungen zu deren Zugehörigkeit
    - Einheitliche T-Shirts
    - Einheitliche Kleidung
    - Schildmützen
    - Eigene Erkennungsmerkmale
- Jährliche Neugeräteentwicklungen zahlreicher GPS-Hersteller

---

[88] Vgl. Groundspeak (Hrsg.) (2010a). a.a.O.
[89] Vgl. Navicache (Hrsg.) (2010). Forum. FAQs. Internet: http://www.navicache.com/faq.html (15.08.2010).
[90] Vgl. Deutsche Wanderjugend (Hrsg.) (2010). Statistiken. Internet: http://cms.geocaching.de/index.php?id=9 (14.08.2010).
[91] Vgl. Weinberg, T. (2010). Social Media Marketing. Strategien für Twitter, Facebook & Co. Deutsche Übersetzung von Heymann-Reder, D. Köln: O´Reilly Verlag, S. 7.

- Massenveranstaltungen mit hoher Teilnehmerzahl
- Diskussionen in Naturschutzgebieten
- Parkplatzprobleme

Auch durch die mediale Präsenz im öffentlich rechtlichen Fernsehen, wird der Trend bestätigt, wie ein beispielhaftes Video des ZDF mit dem Titel „Digitale Schnitzeljagd" zeigt.[92]

Somit ist Geocaching „in aller Munde" und der Sprung zur Massenbewegung steht unmittelbar bevor.

3.5.3 Technische Entwicklungen und Neuerungen

Die Entwicklung der GPS-Geräte und deren Verbesserung schreitet mit Hochdruck voran. Da Bestandteil der Studie nicht eine Produktanalyse sein soll, werden die nachstehenden Zeilen bewusst herstellerneutral formuliert.

Neue Geräte werden von elektronischen Karten unterstützt. Die Navigation im Gelände wird in absehbarer Zeit identisch wie das allseits bekannte „Navi" im Auto einsetzbar sein.

Um den Rahmen der Studie nicht zu sprengen, sollen denkbare Trends und erste Entwicklungsansätze nur als Stichworte aufgeführt werden:

- Loggen eines Geocaches durch Berühren
- Einsatz von Smartphones (siehe auch Anlage 8, Stichwort Wander-App.)
- Multimediageräte „all in one"

3.5.4 Geocaching mit echten Gewinnen

Erste Ansätze für Geocaching mit echten Gewinnen - also real existierenden Preisen für erbrachte Suchleistungen - existieren bereits.[93] Beispielhaft sei die Werbekampagne der Firma Mammut genannt, welche über die Firmenwebseite eigene Geocache aufgeführt hatte, bei deren Auffinden Punkte vergeben wurden und die Punktzahl später gegen reale Preise eingelöst werden konnte. Dieser Werbeeffekt hat der Firma Mammut sogar den Preis des besten Internetwerbeauftritts im Jahre 2009 verschafft.

---

[92] Vgl. Zweites Deutsches Fernsehen (ZDF). (Hrsg.) (2010). Digitale Schnitzeljagd. Sendung vom 04.04.2010. Internet: http://www.zdf.de/ZDFmediathek/beitrag/video/1011862/Geocaching---Digitale-Schnitzeljagd#/beitrag/video/1011862/Geocaching---Digitale-Schnitzeljagd.
[93] Vgl. Habermann, T./ Burmester, S. (2009). Mammuts neuester Gag: Geocaching mit Gewinnen. Internet: http://www.klettern.de/news/sonstiges/mammuts-neuester-gag-geocaching-mit-gewinnen.319761.5.htm (Stand 05.12.2010).

3.5.5 GPS Mission und Geocaching-Klon

Die Aufwertung von Geocachen ist über eine so genannte GPS Mission möglich. Hierbei steht vor allem der Einsatz und die Einbindung von Handy mit GPS-Funktion im Vordergrund.[94]

Mit dem Einsatz von GPS Mission werden Aufgaben über Handy-Applicationen (Apps.) vor Ort vergeben. Die Lösung führt dann - ohne dass im Voraus eine Möglichkeit besteht, sich der Aufgabe anzunehmen - zum weiteren Navigationspunkt, der wiederum u.U. mit einer weiteren Aufgabe verbunden ist. Aber auch vom eigentlichen Geocaching losgelöste GPS-Spiele sind über die Internetplattform http://gpsmission.com möglich.

3.6 Geocaching und Naturschutz

Mittlerweile erheben sich kritische Stimmen durch den Trend zur Massenbewegung und es werden insbesondere Probleme in Bezug zum Naturschutz diskutiert und kommuniziert.[95] Teilweise geschieht dies offensiv durch spezielle Diskussionstreffen[96] der regionalen Interessengruppen und einer gezielten Nachbearbeitung.[97]

Dass sich die weltweite Geocacher Communitiy der Umweltproblematik bewusst ist, zeigen regelmäßig veranstaltete so genannte „CITOs."[98] Unter dem Motto „Cache In Trash Out" (CITO) - also Geocache rein und Müll raus - wird die Geocachesuche mit der Säuberung der Landschaft verbunden. Ähnlich wie bei ehrenamtlich organisierten Putzaktionen, in Baden-Württemberg als „Stadt- oder Waldputzete" bekannt, ziehen Geocacher mit „Müllsäcken und Greifzangen bewaffnet" los und befreien Stadtparks, Straßenränder, Waldstücke oder ähnliches von Müll und Unrat. „Belohnt" wird der aktive Beitrag zum Umweltschutz mit einem weiteren Punkt und einem gesonderten Icon in der persönlichen Statistik der Spielplattform des Geocaching.

Zum „Ehrenkodex" von Geocachern gehört es, bei der Suche nach einem Schatz oder nach einem geeigneten Versteck die Bestimmungen des Tier- und Naturschutzes zu beachten.

Wie bereits in Kapitel 2.2.3 beschrieben, kann in Deutschland der Wald „zum Zwecke der Erholung", frei betreten werden. Besondere Schutzgebiete machen jedoch Einschränkungen

---

[94] Vgl. Rehse, J. (Hrsg.) (2010). GPS-Mission. Internet: http://gpsmission.com (Stand: 05.12.2010).
[95] Vgl. DIT. (Hrsg.) (2009). Mit GPS auf Schatzsuche. In: Pirsch. Magazin für Jagd und Natur. 61. Jg. Deutscher Landwirtschaftsverlag. Heft 1, S. 10-12.
[96] Vgl. Groundspeak (Hrsg.). (2009a). Geocache: Naturschutz konfliktfrei. (Treffen von Geocachern und Naturschützern des Naturschutzzentrums Schwarzwald Mitte / Nord) http://www.geocaching.com/seek/cache_details.aspx?guid=0cb1012b-5b7b-40cb-bbfa-56ed118178a6 (Stand: 01.08.2010).
[97] Vgl. Groundspeak. (Hrsg.). (2009b). Geocache: Naturschutz und Geocaching konfliktfrei – Runde II. (Zweites Treffen von Geocachern und Naturschützern des Naturschutzzentrums Schwarzwald Mitte / Nord) http://www.geocaching.com/seek/cache_details.aspx?guid=fd143792-1ce1-4d26-ba9f-63d0b83196a3 (Stand: 01.08.2010).
[98] Vgl. Groundspeak. (Hrsg.). (2010i). Cito. Internet: http://www.geocaching.com/cito/default.aspx (Stand: 01.09.2010).

erforderlich und es gibt gute Gründe, beispielsweise in Naturschutzgebieten[99] auf ausgewiesenen Wegen zu bleiben. Oft bemerkt es der Besucher nicht, dass er beispielsweise, Tiere aufschreckt, die mit der Aufzucht des Nachwuchse beschäftigt sind oder dass er seltene und geschützte Pflanzen beschädigt.

Der Problematik wird beispielsweise von der Deutschen Wanderjugend mit Informationen gegengesteuert. Die Übersichtskarte[100] zu den Geocachen in Deutschland ist mit Daten der jeweiligen Naturschutzgebiete (NSG) hinterlegt. Geocacher - Sucher wie Verstecker - können sich somit im Vorfeld informieren, ob sie sich bei der Ausübung ihres Hobbys in besonders schutzbedürftigen Gebieten bewegen und sich entsprechend danach verhalten.

Wie bei jeder anderen Outdoor-Freizeitbeschäftigung gilt auch für das Geocaching:

„Wer seinen Spaß in der Natur haben will, muss auch sorgsam mit ihr umgehen!"

Bei den nicht zu beschönigenden Gefahren für die Natur, die durch falsche Handhabung durch den Massentrend entstehen können, darf der positive Aspekt nicht vernachlässigt werden. Insbesondere für eine Großzahl der Jugendlichen kann Geocaching ein Anreiz sein sich draußen - im urbanen Bereich oder der freien Natur aufzuhalten und sich zu bewegen. Durch einen sensiblen Umgang bietet Geocaching die Möglichkeit einen sorgsamen Umgang mit der Natur zu lernen und sich der Nachhaltigkeit bewusst zu werden. Somit kann Geocaching - wenn es richtig eingesetzt wird - Lust auf Natur machen und auf spielerische Weise und eigenes Erleben zur Bildung des Umweltbewusstseins und somit zu aktivem Naturschutz beitragen. Dieses vielfältige Potential wird von Organisationen, die mit der Umweltbildung und dem Naturschutz betraut sind nach Einschätzung der Verfasserin derzeit noch zu wenig erkannt und umgesetzt.

---

[99] Vgl. § 37 LWaldG; § 23 Bundesnaturschutzgesetz (BNatSchG), Naturschutzgebiete.
[100] Vgl. Deutsche Wanderjugend. (Hrsg.). (2010). Übersichtskarte. Internet: http://www.geocaching.de/index.php?id=10 (Stand: 01.09.2010).

4 Touristische Fakten für die empirische Erhebung

4.1 Verwendete Sekundärdaten des Reisemarktes

Zur Erforschung des Reisemarktes wurden in erster Linie folgende Statistiken als Sekundärdatenquellen verwendet:

- *Auszüge aus der Reiseanalyse (RA) 2010 der Forschungsgemeinschaft Urlaub und Reisen (FUR),*[101]
- *der ADAC Reisemonitor 2010,*[102]
- *der Qualitätsmonitor- Deutschlandtourismus 2008/2009 der Europäischen Reiseversicherung (ERV) und der Deutschen Zentrale für Tourismus (DZT).*[103]

Auszüge Reiseanalyse (RA) 2010 der Forschungsgemeinschaft Urlaub und Reisen (F.U.R)
Die „Reiseanalyse" ist eine bevölkerungsrepräsentative Befragung, die seit 1970 kontinuierlich jedes Jahr durchgeführt wird. Hierbei wird das Urlaubs- und Reiseverhalten der Deutschen und deren Urlaubsmotive erfasst. Untersuchungsgegenstand sind Urlaubsreisen ab 5 Tagen Dauer und Kurzurlaubsreisen von 2 bis 4 Tagen. Die Reiseanalyse 2010 gilt als repräsentativ für die deutschsprachige Wohnbevölkerung ab 14 Jahren (64,82 Mio. = 100%). Im Januar / Februar 2010 wurden 7.660 persönliche Interviews geführt, sowie Online-Befragungen und Zeitreihen vergangener Jahre hinzugezogen.

Für die vorliegende Studie wurden ebenfalls Daten aus früheren Reiseanalysen verwendet.

ADAC Reisemonitor 2010
Für den „ADAC Reisemonitor" werden seit 1995 einmal jährlich (im Dezember) Mitglieder unter anderem zu Reisezielen, Erwartungen und Entscheidungen rund um den Urlaub - ab 5 Tagen Dauer - befragt. Für den Reisemonitor 2010 wurde eine Stichprobe bei 4.000 Privathaushalten durchgeführt. Die für 16,8 Mio. ADAC Mitglieder repräsentative Studie liefert Informationen über Trends und Analysen zum Reiseverhalten der deutschen Urlauber.

Qualitätsmonitor- Deutschlandtourismus 2008/2009 ERV
Von der Europäischen Reiseversicherungs AG (ERV) und der Deutschen Zentrale für Tourismus werden seit 2007 im Gegensatz zu den obigen Studien neben inländischen auch

---

[101] FUR Forschungsgemeinschaft Urlaub und Reisen e.V. (Studie). (2010). Die 40.Reiseanalyse RA 2010. Kiel. Internet: http://www.fur.de/fileadmin/user_upload/RA_Zentrale_Ergebnisse/FUR_Reiseanalyse_RA2010_Erste_Ergebnisse (Stand: 10.08.2010). Eigendruck, S. 3.
[102] Vgl. ADAC (Hrsg.), Krause Chr. (2010). ADAC Reisemonitor - Trends und Analysen zum Reiseverhalten der deutschen Urlauber. Internet: http://www.media.adac.de (Stand: 19.03.2010).
[103] Vgl. Europäische Reiseversicherung AG (ERV) / Deutsche Zentrale für Tourismus e.V. (DZT) (Hrsg.). (Studie). (2010). Qualitätsmonitor Deutschland-Tourismus. Ergebnisse 2008/2009. Internet: http://www.qualitaetsmonitor-deutschland-tourismus.de/images/stories/pdf/qm-flyer_ergebnisse_2008_2009.pdf. (10.08.2010).

ausländische Übernachtungsgäste (incl. Geschäftsreisende) zu ihrem Reiseverhalten befragt. Im Befragungsjahr 2008/2009 wurden deutschlandweit insgesamt 17.000 Gäste interviewt.

Die Studien sind aufgrund ihrer unterschiedlichen Erhebungsmethoden, beispielsweise hinsichtlich der Urlaubsdauer und des Erhebungszeitraumes und der unterschiedlichen Grundgesamtheit nicht vergleichbar. Dennoch wurden sie verwendet, um für die vorliegende Studie zum Thema Geocaching möglichst vielschichtiges Sekundärdatenmaterial zur Verfügung zu haben.

4.2 Reisetrends des deutschen Reisemarktes

Im Vorgriff auf die empirische Erhebung zum Thema Geocaching ist ein Blick auf den deutschen Reisemarkt erforderlich. Allgemeine Reisetrends und das aktuelle Reiseverhalten sind für die Basisarbeit der Datenerhebung zu erforschen. Je nach dem „Wie der heutige Gast tickt", welche Bedürfnisse und Ansprüche er hat, wird sich zeigen, ob sich Geocaching in vorherrschende Trends einfügt und als touristisches Angebot für eine Destination Potential hat.

4.2.1 Urlaub im eigenen Land

Deutschland ist mit den direkt an das Mittelmeer angrenzenden Regionen - dort vor allem Italien und Spanien - auch weiterhin das beliebteste Reiseziel deutscher Urlauber. Im Jahr 2009 verbrachten 32,5%[104] der Deutschen ihren Urlaub im eigenen Land - womit annähernd die „Nach-Wende Euphorie"[105] Mitte der Neunziger Jahre erreicht wurde.

Auch laut ADAC Reisemonitor haben Deutschland- und Europaurlaube gewonnen. Der Deutschlandurlaub verzeichnete im Jahr 2009 im Vergleich zu 2008 einen Zuwachs um 2,4%. Demnach waren es sogar 34,5% Deutsche, die Urlaub im eigenen Land machten.

Für Fernreisen, die in den vergangenen Jahren aufgrund der Terrorgefahren und epidemieartig aufgetretener Infektionskrankheiten wie SARS, Vogel- und Schweinegrippe zurückgingen, wird ein Aufschwung prognostiziert. Es ist zu erwarten, dass sich hierdurch die kurzzeitigen Anstiege auf dem Europa- und Deutschlandmarkt wieder relativieren werden.[106]

---

[104] Vgl. FUR Forschungsgemeinschaft Urlaub und Reisen e.V. (Hrsg.). (Studie). (2010). a.a.O.
[105] ebd., S. 2.
[106] Vgl. ADAC (Hrsg.). Krause Chr. (2010). a.a.O.

Somit ist festzuhalten, dass die liebsten Reiseziele der Deutschen sich weiterhin grob in 1/3 Deutschland, 1/3 rund um das Mittelmeer und 1/3 zu Zielen des übrigen Globus einteilen lassen.[107]

Die Rangfolge der innerdeutschen Ziele ist im Vergleich zu den Vorjahren unverändert. Bayern bleibt jedoch nur noch knapp die Nummer eins vor Mecklenburg-Vorpommern. Darauf folgen Schleswig-Holstein und Niedersachsen. Für das Thema der Studie und den Schwarzwald ist - wie in Tabelle 3 dargestellt - bedeutend, dass Baden-Württemberg zu den „Top-Five-Bundesländern" als beliebteste Reiseziele deutscher Urlauber innerhalb Deutschlands gehört.

Tab. 3 Top-Five-Reiseziele der Deutschen innerhalb Deutschlands 2009

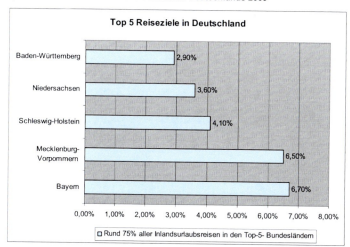

Quelle: Eigene Darstellung in Anlehnung an FUR RA 2010[108]

Für den Tourismus im Schwarzwald ist zudem das in Abbildung 9 dargestellte Befragungsergebnis maßgeblich. Demnach stammen rund 60% der Deutschlandurlauber aus den vier Bundesländern Nordrhein-Westfalen, Bayern, Baden-Württemberg und Niedersachsen, was sie zu den Hauptquellgebieten deutscher Urlauber für den Inlandsurlaub macht.

Ebenso bedeutend ist die räumliche Nähe zum Schwarzwald und somit die kurze Reisedistanz. Aus dem an Baden-Württemberg angrenzenden Bundesland Bayern kommen 14% der Inlandsurlauber, aus Baden-Württemberg selbst 10%, aus dem benachbarten Bundesland Hessen stammen beachtliche 9% und aus dem Nachbarbundesland Rheinland-Pfalz immer noch 4% der Deutschlandurlauber. Die kurzen Distanzen deuten zudem auf „Tagesausflüge" hin, welche in obiger Erhebung nicht erfasst sind.

---

[107] Vgl. FUR Forschungsgemeinschaft Urlaub und Reisen e.V. (Hrsg.). (Studie). (2010). a.a.O., S. 4.
[108] Vgl. FUR Forschungsgemeinschaft Urlaub und Reisen e.V. (Hrsg.). (Studie). (2010). a.a.O., S. 4.

Dass ebenfalls 60% der Gesamtbevölkerung Deutschlands mit erstem Wohnsitz[109] in den Hauptquellgebieten leben, dürfte darüber hinaus für die dort vorhandene Lebensqualität und somit auch das touristische Potential der jeweiligen Destinationen sprechen.

Abb. 9: Herkunftsstruktur der Urlaubsgäste aus dem Inland

Bundesland	Inlandsurlauberanteil	Bevölkerungsanteil
Nordrhein-Westfalen	21%	22%
Bayern	14%	15%
Baden-Württemberg	10%	13%
Niedersachsen	12%	10%
Hessen	9%	7%
Sachsen	6%	5%
Berlin	5%	4%
Rheinland-Pfalz	4%	5%
Thüringen	4%	3%
Brandenburg	3%	3%
Hamburg	2%	2%
Sachsen-Anhalt	3%	3%
Schleswig-Holstein	2%	3%
Mecklenburg-Vorpommern	3%	2%
Saarland	1%	1%
Bremen	1%	1%

Quelle: Qualitätsmonitor (Screen Shot). ERV und DZT 2009, gerundete Werte.

4.2.2 Reiseintensität und Trend zur Zweitreise

Laut Reiseanalyse (RA) 2010 zeichnet sich trotz Wirtschaftskrise im Reisemarkt Deutschlands Stabilität ab. Demnach sind ¾ aller Bundesbürger im Jahr 2009 trotz unsicherer wirtschaftlicher und finanzieller Lage in Urlaub gefahren. Die Reiselust der Deutschen scheint ungebrochen und Urlaubsreisen stehen nach wie vor in den Konsumprioritäten der Deutschen an oberer Stelle.

---

[109] Vgl. Europäische Reiseversicherung AG (ERV) / Deutsche Zentrale für Tourismus e.V. (DZT). (Hrsg.). (Studie). (2010). a.a.O.

Im Jahr 2009 haben laut RA rund 76% der 65 Mio. Deutschen (also 49,4 Mio.) - in Privathaushalten über 14 Jahren - wenigstens eine Urlaubsreise von 5 Tagen Dauer unternommen. Die Reiseintensität lag folglich bei 76%. Im Gegensatz hierzu nennt der ADAC Reisemonitor für das Jahr 2009 eine Reiseintensität von 66,1% (35,5 Mio.).[110]

Die Reiseanalyse bescheinigt den Deutschen eine „ (…) stabile Urlaubs-Nachfrage auf hohem Niveau."[111] Für den Zeitraum bis 2020 wird eine gleich bleibende Urlaubsreiseintensität zwischen 70% und 80% prognostiziert.[112]

Aufgrund der unsicheren wirtschaftlichen und finanziellen Lage schränkten sich im Jahr 2009 untere Einkommensgruppen (bis 1.499 Euro) ein und verreisten weniger oder verzichteten ganz auf eine Reise. Bei den mittleren Einkommen (1.500 - 2.499 Euro) veränderte sich wenig (Reiseintensität 76%). Personen mit höherem Einkommen (2.500 Euro und mehr) können hingegen als „Viel-Urlauber" gesehen werden. Während im Jahr 2007 86% von ihnen einmal pro Jahr in Urlaub fuhren, stieg der Anteil im Jahr 2009 auf 88%.[113]

Seit Anfang der neunziger Jahre ist innerhalb der oberen Einkommensklasse zudem ein eindeutiger Trend zur zusätzlichen Urlaubsreise zu erkennen. Bei der Gruppe der „Besserverdiener" wurde laut RA in 2008 eine Zweit-Reiseintensität von 25% bis knapp 30% beobachtet. Im günstigsten Fall wird in dieser Einkommensgruppe ein Wachstum auf 40% angenommen.

Doch auch innerhalb der Gesamtbevölkerung bestätigt sich der Trend zur Zweit- oder Drittreise. Im Jahr 2008 haben beachtliche 17% der Deutschen zwei oder mehr Urlaubsreisen mit mindestens 5 Tagen Dauer unternommen. Abhängig von der wirtschaftlichen Entwicklung prognostiziert die RA einen erreichbareren Durchschnittswert für zusätzlich unternommene Urlaubsreisen (mind. 5 Tage, 4 Nächte) zwischen 15% und 22%. Dies bedeutet auch im Kurzurlaubssegment (2 – 4 Tage) gute Wachstumschancen für den Tourismusmarkt.[114]

Die Polarisierung im Konsumverhalten zwischen „Besser- und Geringverdienern" ist in der Touristikbranche schon seit Jahren Wirklichkeit. Opaschowski, H.W. nennt es ein „Armuts-Wohlstands-Paradox",[115] mit dem sich westliche Konsumgesellschaften zunehmend konfrontiert sehen. Demnach breiten sich Armut und Arbeitslosigkeit im selben Maße aus, wie neue Konsum- und Erlebniswelten entstehen.

---

[110] Vgl. ADAC (Hrsg.), Krause Chr. (2010). a.a.O.
[111] Zum Vergleich: Reiseintensität Lt. RA 1994 (78%), 2000 (76%), 2004 (74%).
[112] FUR Forschungsgemeinschaft Urlaub und Reisen e.V. (Hrsg.). (Studie). (2009b). RA Eckdaten. Internet: http://www.fur.de/index.php?id=eckdaten_urlaubsreisen (Stand: 20.08.2010).
[113] Zum Vergleich: Reiseintensität lt. RA 2007(61%), Reiseintensität 2009 (56%).
[114] Vgl. FUR Forschungsgemeinschaft Urlaub und Reisen e.V. (Hrsg.). (Studie). (2009b). a.a.O.
[115] Opaschowski, H.W. (2006). Deutschland 2020. Wie wir morgen leben - Prognosen der Wissenschaft. 2.erw. Auflage, Wiesbaden: VS Verlag für Sozialwissenschaften, S. 59.

4.2.3 Klarer Trend zum Kurzurlaub

Höhere Mobilität, kürzere Arbeitszeiten und die Beschleunigung in allen Lebensbereichen führen unter anderem dazu, dass mehr und kürzer gereist wird. Und dies mit deutlich erweitertem Radius - wie die Entfernungsmaße nach Hassenkamp, O.[116] verdeutlichen:

> bis 200 km: Besuch
> bis 500 km: Ausflug
> ab 1.000 km: Urlaub

Der Trend zur verkürzten Urlaubsdauer setzt sich weiter fort. Laut RA ist die Dauer des Haupt- bzw. Jahresurlaubes (ab 5 Tagen Dauer) von durchschnittlich 12,5 Tagen im Jahr 2008 auf 12,2 Tage in 2009 gesunken.[117]

Auch der ADAC Reisemonitor bestätigt einen kontinuierlichen Anstieg der einwöchigen Urlaube. Wie Abbildung 10 zeigt, nehmen diese mittlerweile mehr als ein Drittel der Haupturlaube ein. Hingegen ist die Aufenthaltsdauer am Urlaubsort von drei Wochen und mehr gravierend gesunken. Die Urlaube mit 2 Wochen Dauer machen zwar immer noch knapp die Hälfte der Haupturlaube aus, gehen insgesamt aber leicht zurück.

Abb. 10: Entwicklung der Urlaubsdauer von 1995 -2009

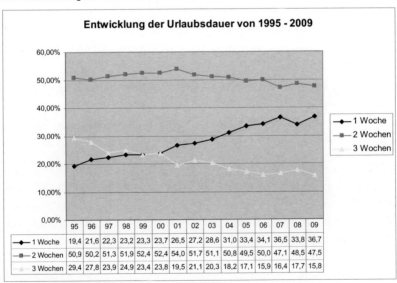

Quelle: Eigenerstellung in Anlehnung an ADAC Reisemonitor

---

[116] Vgl. ADAC (Hrsg.). Krause Chr. (2010). a.a.O in Anlehnung an Oliver Hassenkamp (1921 - 1988).
[117] Vgl. FUR Forschungsgemeinschaft Urlaub und Reisen e.V. (Hrsg.). (Studie). (2010). a.a.O.

Der ADAC weist zudem darauf hin, dass die Urlaube im eigenen Land (Deutschland) kürzer sind, als die Urlaubsreisen in Europa oder Fernreisen allgemein. Einen Urlaub mit drei Wochen Dauer oder länger, planen für Deutschland nur 12,6% der deutschen Urlauber. In Europa können sich 16,2% vorstellen länger als drei Wochen zu bleiben und bei den Fernreisen sind es 36,7%.

Dass auch in Baden-Württemberg ein Trend zum Kurzurlaub besteht, zeigt eine Anfrage an die Landesregierung.[118] Demnach hat sich Baden-Württemberg in den vergangenen Jahren zu einem „regelrechten Kurzurlaubsland"[119] entwickelt.

Und auch in der Destination Schwarzwald hält der in den letzten Jahren beobachtete Trend zur schnellen Urlaubsreise an. Während der Schwarzwald im Jahr 1989 mit 4,2 Tagen[120] noch 0,7 Tage über der durchschnittlichen Aufenthaltsdauer von Baden-Württemberg (3,5 Tage)[121] lag, sank die Aufenthaltsdauer bis zum Jahre 2009 auf den Landesdurchschnitt in BW von 2,9 Tagen ab.

Somit ist der Schwarzwald heute ein klassisches Ziel für Kurzreisende (2 – 4 Tage, mind. eine Übernachtung) und Tagesgäste. Wobei die Kurzurlauber, wie bereits erwähnt, aufgrund der geringen Entfernungen in erster Linie aus dem Südwesten Deutschlands und den benachbarten Bundesländern stammen.[122]

Auch das Ergebnis einer Untersuchung zum Thema Wandern[123] bestätigt, dass innerhalb Deutschlands die meisten Tagesausflüge mit Schwerpunkt Wandern in die Zielregionen Bayern (32%) und Baden-Württemberg (20%) unternommen werden. Beachtenswert hierbei ist die hohe Eigenbesuchsquote aktiver Wanderer. Demnach haben 74,6% der Wanderer aus Baden-Württemberg zum Wandern Tagesausflüge in Baden-Württemberg selbst unternommen.[124] Weitere Quellmärkte für Tagesausflüge nach Baden-Württemberg sind auch bei der Freizeitbeschäftigung des Wanderns die benachbarten bzw. nahe gelegenen Bundesländer Rheinland Pfalz (22,8%), Bayern (12,5%), das Saarland (11,8%) und Hessen (11%).

Im Vorgriff auf die Erhebung in Kapitel 5 zeichnen die oben genannten Ergebnisse dasselbe Bild zur Herkunftsstruktur inländischer Urlauber wie die Umfragewerte zum Thema Geo-

---

[118] Vgl. Landtag von Baden-Württemberg. (Hrsg.). (2007). Drucksache 14/1229 vom 09.05.2007. Große Anfrage der Fraktion der CDU und Antwort der Landesregierung. Tourismus in Baden-Württemberg. Internet: http://www.landtag-bw.de/WP14/Drucksachen/1000/14_1229_d.pdf, S. 22.
[119] ebd., S. 22.
[120] Vgl. Schwarzwald Tourismus Gesellschaft. (Hrsg.). (2010b). a.a.O., S. 10.
[121] Vgl. Statistisches Landesamt Baden-Württemberg. (Hrsg.). (o.J.). Reiseverkehr in Baden-Württemberg seit 1950 nach durchschnittlicher Aufenthaltsdauer. Stuttgart: Internet: http://www.statistik.baden-wuerttemberg.de/HandelBeherb/Landesdaten/LRt1401.asp (Stand: 10.08.2010).
[122] Vgl. Schwarzwald Tourismus Gesellschaft. (Hrsg.). (2010b). a.a.O., S. 10.
[123] Vgl. Bundesministerium für Wirtschaft und Technologie (Hrsg.). (2010). Forschungsbericht Nr. 591. Grundlagenuntersuchung Freizeit- und Urlaubsmarkt Wandern. Deutscher Wanderverband. Internet: http://www.bmwi.de/BMWi/Redaktion/PDF/Publi-kationen/Studien/grundlagenuntersuchung-freizeit-und-urlaubsmarkt-Wandern,property=pdf,bereich=bmwi,sprache=de,rwb =true. Eigendruck, S. 52.
[124] Zum Vergleich: Eigenbesuchsquote in Bayern (87,5%); in Rheinland Pfalz (75,3%).

caching. Auch hier wurde festgestellt, dass 26,92% der Teilnehmer aus dem näheren Umkreis stammen und somit überwiegend ihren Wohnsitz in Baden-Württemberg selbst oder den benachbarten Bundesländern haben müssen.

Da Kurzurlaubsreisen meist im Inland getätigt werden, wird dem Segment Kurzreisen für Deutschland und insbesondere Baden-Württemberg eine große Chance prognostiziert.[125] Gleichzeitig bedeutet eine sinkende Aufenthaltsdauer aber immer, dass mit erhöhtem Aufwand insgesamt mehr Gäste gewonnen werden müssen, um die Übernachtungszahlen und die touristische Wertschöpfung konstant zu halten bzw. zu steigern. Dies kann durch attraktive und im Trend liegende Freizeitmöglichkeiten am Urlaubsort - wie hier dem Geocaching - forciert werden.

4.2.4 Urlaubsausgaben – am Urlaub wird nicht gespart

Der ADAC Reisemonitor hat die Sparneigungen der Urlauber hinsichtlich der Urlaubskosten untersucht. Das Ergebnis, welches sich auf eine geplante Urlaubsreise bezieht, ist in Abbildung Nr.11 dargestellt. Hierbei wird deutlich, dass trotz Wirtschaftskrise und möglicher finanzieller Engpässe der überwiegende Anteil der deutschen Urlauber nicht bereit ist, sich im Urlaub einzuschränken. Wer Urlaub macht, möchte in diesem nicht sparen. Lieber verzichtet er gänzlich auf eine Reise.

Abb. 11: Sparneigungen bei Urlaubsausgaben 2004 - 2010

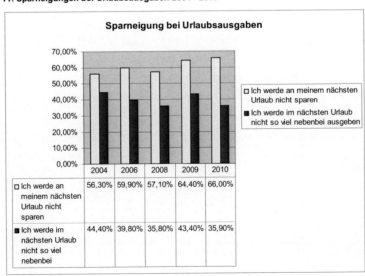

Quelle: Eigenerstellung in Anlehnung an ADAC Reisemonitor

---

[125] Vgl. Landtag von Baden-Württemberg. (Hrsg.). (2007). a.a.O., S. 22.

Auch die Reiseanalyse kommt zu dem Schluss, dass 59% der Reisenden für die geplante Urlaubsreise in 2010 (im Vergleich zu 2009) gleich viel ausgeben möchten. 11% wollen mehr, 10% weniger Geld ausgeben und 20% geben an, es noch nicht zu wissen.

Waren die Urlaubsausgaben seit 1995 (721 Euro) mit dem Höchststand in 2008 (834 Euro) kontinuierlich gestiegen, haben sie sich insgesamt reduziert. Im Jahr 2009 haben Urlauber im Durchschnitt 820 Euro pro Person für eine Urlaubsreise (ab 5 Tagen Dauer) ausgegeben.[126] Inwieweit in diese Berechnungen der Anstieg der Kurzurlaube und somit die Verteilung der Urlaubskosten über das Jahr aufgenommen ist, entzieht sich der Kenntnis der Verfasserin. Im Rahmen der empirischen Erhebung wird daher der Bereich Kurzurlaub und Ausgabeverhalten in die Befragung aufgenommen.

In Baden - Württemberg gibt der durchschnittliche Tagesgast 24,60 Euro am Tag aus. Wobei zu beachten ist, dass es auch „Ausflügler" gibt, die beispielsweise beim Wandern mit einen Rucksackvesper den Tag genießen ohne in der Destination Geld auszugeben. Die Ausgaben eines Übernachtungsgastes in gewerblichen Beherbergungsbetrieben (ohne Camping) summieren sich pro Kopf und Tag auf 96,40 Euro. Hierin ist sowohl die Übernachtung in einer Pension oder Ferienwohnung als auch in einem Top-Hotel enthalten, dessen Gäste mitunter durchaus mehrere hundert Euro pro Tag ausgeben.[127]

Der Qualitätsmonitor[128] hat deutsche und ausländische Übernachtungsgäste zu ihren Urlaubsausgaben während ihres Aufenthaltes in Deutschland befragt. Dabei wurde in Individual- und Pauschaltouristen unterschieden. Individualurlauber stellen die einzelnen Komponenten der Reise selbst zusammen und geben am Urlaubsort unter anderem für Unterkunft, Verpflegung und für Freizeit und Unterhaltung Geld aus.

Pauschalreisen kennzeichnen sich dadurch, dass neben der Unterkunft mindestens eine zusätzliche Reiseleistung, beispielsweise ein Konzerteintritt oder ein Wellnessangebot bei einem anderen Anbieter als dem Beherbergungsbetrieb in Anspruch genommen wird. Neben den Ausgaben für die eigentliche Pauschalreise geben auch Pauschaltouristen am Urlaubsort zusätzlich Geld für Restaurantbesuche, Einkäufe, öffentliche Verkehrsmittel, Freizeit, Unterhaltung und Kultur aus.

Wie Tabelle 4 verdeutlicht, geben Individualtouristen (81 Euro) demnach insgesamt weniger aus als Pauschaltouristen (145 Euro).[129] Ebenso bestehen sowohl im Bereich der Individualreise als auch insbesondere im Bereich der Pauschalreise deutliche Unterschiede im Ausgabeverhalten deutscher und ausländischer Urlauber.

---

[126] Vgl. FUR Forschungsgemeinschaft Urlaub und Reisen e.V. (Hrsg.). (Studie). (2010). a.a.O.
[127] Vgl. Landtag von Baden-Württemberg. (Hrsg.). (2007). a.a.O., S. 22.
[128] Vgl. Europäische Reiseversicherung AG (ERV) / Deutsche Zentrale für Tourismus e.V. (DZT) (Hrsg.). (Studie). (2010). a.a.O.
[129] Die Kosten der Anreise sind in den aufgeführten Ausgaben nicht enthalten.

Tab. 4. Reiseausgaben deutscher und ausländischer Übernachtungsgäste pro Tag

	Alle Gäste	Deutsche Gäste	Ausländische Gäste
Unterkunft	34,00 €	33,00 €	43,00 €
Verpflegung im Gastgewerbe	18,00 €	17,00 €	23,00 €
Lebensmitteleinkauf	5,00 €	5,00 €	6,00 €
Einkauf sonst. Waren	11,00 €	10,00 €	21,00 €
Freizeit, Unterhalt. etc.	8,00 €	7,00 €	10,00 €
Lokaler Transport vor Ort	2,00 €	2,00 €	3,00 €
Sonstige Dienstleistungen	4,00 €	4,00 €	3,00 €
Summe Individualtouristen	**81,00 €**	**79,00 €**	**110,00 €**
Ausgaben Pauschalreise	89,00 €	69,00 €	185,00 €
Zusatzausgaben f. Pauschalreise	56,00 €	43,00 €	118,00 €
Summe Pauschaltouristen	**145,00 €**	**112,00 €**	**303,00 €**

Quelle: Eigene Darstellung. Qualitätsmonitor ERV / DZT 2008/2009[130] (gerundete Werte). Ohne Anreise.

Für die vorliegende Studie bedeutend sind die Ausgaben für Freizeit und Unterhaltung, welche im Durchschnitt 8 Euro pro Tag ausmachen. Ausländische Gäste sind in diesem Bereich ausgabefreudiger. Für Freizeitvergnügen investieren sie 10 Euro täglich, deutsche Gäste nur 7 Euro.

Besonders gravierend ist der Unterschied im Ausgabeverhalten bei Pauschalreisen. Während deutsche Urlauber dafür insgesamt 112 Euro investieren, sind es bei ausländischen Gästen 303 Euro. Für diese Studie besonders beachtlich ist, dass ausländische Gäste für die Zusatzangebote 118 Euro einsetzen, deutsche Gäste hingegen lediglich 43 Euro. Dieses Ergebnis ergibt für Freizeitangebote einer Destination, die zusätzlich auf ausländische Urlauber abgestimmt sind, größeren finanziellen Spielraum.

Zu guter Letzt zeigt die Reiseanalyse hinsichtlich der Entwicklung der Urlaubsausgaben nach Einkommen noch ein beachtenswertes Ergebnis: Machen die unteren Einkommensgruppen (bis 1.499 Euro) Urlaub, dann geben sie vor Ort mehr aus als in den Vorjahren. Dies bestätigt das zuvor beschriebene Umfrageergebnis, dass eher auf Urlaub verzichtet wird, als im Urlaub selbst zu sparen.

Demgegenüber geben die oberen Einkommensgruppen (2.500 Euro und mehr), die in Kapitel 4.2.2 als reiselustige „Vielurlauber" beschrieben wurden, am Zielort aber deutlich weniger Geld aus – d.h. es wird vor Ort merklich gespart.[131]

Somit ist festzuhalten, dass eine konstante bzw. gestiegene Reiseintensität (s. Kapitel 4.2.2) nicht zwingend auch steigende Urlaubsausgaben der Gäste und dadurch höhere Umsätze

---

[130] Vgl. Europäische Reiseversicherung AG (ERV) / Deutsche Zentrale für Tourismus e.V. (DZT) (Hrsg.). (Studie). (2010). a.a.O.
[131] Vgl. FUR Forschungsgemeinschaft Urlaub und Reisen e.V. (Hrsg.). (Studie). (2010). a.a.O.

im Tourismusmarkt generiert. Vielmehr ist zu beobachten, dass die knapper gewordenen finanziellen Mittel bewusster eingesetzt und gezielter für Angebote mit hoher Qualität und persönlichem Zusatznutzen ausgegeben werden.

Zudem macht das Phänomen des „hybriden Konsumenten"[132] auch in der Touristikbranche eine klare Urlaubertypisierung und passende Produktgestaltung schwer. Der hybride Käufer vereinigt zwei völlig gegensätzliche Konsumverhaltensweisen. Einmal ist er preisbereit und konsumiert teure und prestigeträchtige Produkte (Kreuzfahrt), ein andermal möchte er sparen und sucht nach billigen beziehungsweise preiswerten „Schnäppchen" (Billigflieger). Es ist vom „gnadenlosen Kunden" die Rede, der seine Milch bei Aldi und seine Uhr bei Armani kauft.[133]

Auch zum Reisen zeichnet sich laut Opaschowski, H.W. im neuen Jahrtausend eine neue Einstellung ab. Es gilt das Motto: Mal Sparen und mal verschwenderisch sein und sich etwas gönnen. Mal Luxus und mal Askese. Der neue Trend im Tourismus heißt demnach „Luxese".[134]

4.2.5 Reiseorganisation und Buchungsverhalten – Medium Internet

Gerade in der Tourismusbranche sind die vielseitigen Möglichkeiten des Internets heute nicht mehr wegzudenken. Sei es als Anbieter touristischer Leistungen, um sich auf dem Markt zu positionieren oder als Kunde, um sich über bestehende Angebote und Urlaubsregionen zu informieren und Reisen „online" zu buchen.

Als „Reiseprofis" organisieren deutsche Urlauber ihre Reise innerhalb Deutschlands immer öfter komplett selbst (85,2%).[135] Dies lässt den positiven Schluss zu, dass die Buchungsportale und Urlaubsmagazine der Destinationen in Deutschland mittlerweile so komfortabel sind, dass sich der Gast seinen Urlaub mit Übernachtung, Gastronomie- und Freizeitangeboten ohne Probleme selbständig von zu Hause aus zusammenstellen kann.

Zudem ist auch der Gast zusehends versierter im Umgang mit dem Internet.

---

[132] Vgl. Schmalen, H. (1994). Das hybride Kaufverhalten und seine Konsequenzen für den Handel – Theoretische und empirische Betrachtungen. In: ZfB, 64. Jg. Heft 10, S. 1225 ff.
[133] Vgl. Hammann, G./Rohwetter, M. (2003). Der gnadenlose Kunde. In: Die Zeit vom 10. Juli 2003, Nr. 29. S. 15-16.
[134] Vgl. Opaschowski, H.W. (2006). a.a.O., S. 141.
[135] Zum Vergleich: Fernreisen werden zu 31% selbst organisiert und 47,3% als gebuchte Pauschalreise unternommen.

Fast 70% der Deutschen (ab 14 Jahren) haben heute Zugang zum Internet und sind „online".[136] Dort wo das Internet bisher weniger verbreitet war - bei der Gruppe der Personen über 60 Jahren, den unteren Einkommensgruppen und den Gruppen mit Hauptschulabschluss - lassen sich zudem deutliche Zuwächse erkennen.[137] Somit ist die Nutzung des Internets mittlerweile quer durch die soziodemographischen Gruppen üblich.

Insbesondere der Generation, die mit dem Internet aufwächst - die so genannten „Digital Natives"[138] - fällt es durch eine souveräne Mediennutzung leicht, den Urlaub individuell und virtuell zu organisieren.

Die Entwicklung der Komplett- bzw. Teilbuchungen einer Urlaubsreise im Internet ist rasant gestiegen. Mehr als jeder zweite Internetnutzer hat schon einmal eine Reise im Internet gebucht.[139] Insgesamt stößt das Internet als Online-Medium jedoch an seine Grenzen, wodurch für das Internet nur noch geringes Wachstumspotential als Buchungsmedium erwartet wird.[140]

Betrachtet man die in Abbildung Nr. 12 ausgewählten Medien, die deutsche Urlauber zur Urlaubsplanung nutzen, zeigt sich dass das Internet insbesondere bei der entscheidenden ersten Ideensammlung eine wesentliche Rolle spielt. 28,6% der potentiellen Urlauber nutzen das Internet, um sich inspirieren zu lassen, sich über eine Destination und die Möglichkeiten zur Urlaubsgestaltung zu informieren und wählen aufgrund dessen den Urlaubsort aus. Wer hier nicht mit einem ansprechenden Internetauftritt „auf dem Schirm ist", kommt folglich gar nicht erst in die engere Wahl.

Ein Drittel der Urlauber (30,2%) nimmt auch die konkrete Reisevorbereitung mit Hilfe des Internets vor. Das Internet hat somit die klassischen Kataloge der Reiseveranstalter und die Beratung im Reisebüro bei der Informationsbeschaffung zur Urlaubsplanung, wenn auch noch nicht abgelöst, dann zumindest überrundet.

---

[136] Zum Vergleich: Lt. RA FUR. Anteil der Bevölkerung in Deutschland mit Zugang zum Internet: 2001 (31%), 2002 (39%), 2003 (43%), 2004 (47%), 2005 (53%), 2006 (54%), 2007 (56%), 2008 (62%), 2009 (63%), 2010 (68%).
[137] Vgl. Verband Internet Reisevertrieb (VIR). (Hrsg.). (2010). Daten und Fakten zum Online-Reisemarkt 2010, 5. Ausgabe. Eigendruck, S. 25.
[138] Pavlovic, T. (2010). Die virtuelle Flucht aus dem Großstadtleben. In: Schwarzwälder Bote. Tageszeitung. Ausgabe 20. März 2010.
[139] Zum Vergleich. Lt. ADAC. 2000 (18,5%), 2001 (19,8%), 2002 (22,8%), 2004 (45,7%), 2006 (53,7%), 2009 (56,2%).
[140] Vgl. ADAC (Hrsg.). Krause Chr. (2010). a.a.O.

Abb. 12: Medien zur Urlaubsplanung

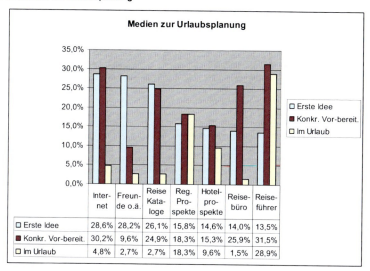

Quelle: Eigene Darstellung. Auszugsweise. ADAC Reisemonitor 2010[141]

Nicht zu unterschätzen ist das in Abbildung 12 aufgezeigte Ergebnis, dass sich 28,2% - also fast ein Drittel der Urlauber - bei der ersten Ideensammlung auf die guten Erfahrungen und die Zufriedenheit von Freunden, Bekannten und Verwandten verlassen. Es wird davon ausgegangen, dass hiermit nicht die oftmals unbekannten „Freunde" der Social Networks gemeint sind, sondern die real existierenden mit denen man „face-to-face" kommunizieren kann. Somit ist die persönliche und verlässliche „Mund-zu-Mund-Propaganda" immer noch bzw. wieder ein wesentlicher Entscheidungsfaktor für die Auswahl des Urlaubsortes.

Wie Abbildung 12 weiter zeigt, sind während des Urlaubs Reiseführer (28,9%) das wichtigste Medium zur Informationsbeschaffung. Ein bedeutend hoher Anteil von 18,3% der Urlauber greift auf die Prospekte aus der Region zurück und 9,6% informieren sich durch Hotelprospekte über das Angebot vor Ort. Möchte eine Destination die regionalen Veranstaltungsangebote zielgerichtet bewerben - um die Gäste an den Urlaubsort zu binden - ist folglich auch im Zeitalter des Internets ein ansprechendes und zeitgemäßes Prospektmaterial ein Muss.

Auch das Marketingkonzept von Schwarzwald Tourismus nennt die Nutzung des Internets[142] als eine der entscheidenden Anforderungen an die Zukunft.

Je nach Ausrichtung einer Ferienregion, gehören heute beispielsweise Wander- bzw. Radwegenetze, die im Internet zum „Download" bereit stehen zum Standardangebot. Der Gast kann damit seinen Urlaub bequem von zu Hause aus vorbereiten und - sofern vorhan-

---
[141] Vgl. ADAC (Hrsg.). Krause Chr. (2010). a.a.O.
[142] Vgl. Schwarzwald Tourismus GmbH (2008). Marketingkonzept der Schwarzwald Tourismus GmbH – überarbeitete Fassung 09/08, S. 22.

den - die selektierten Geo-Daten auf sein Navigationsgerät übertragen. Als „informierter" Kunde kann er sich damit vor Ort problemlos orientieren und auch die ergänzenden touristischen Angebote, wie Restaurants, Museen, Kultur- und Sportveranstaltungsorte gezielt aufsuchen (siehe auch Anlage 16).

Da auch für die Freizeitbeschäftigung des hier beschriebenen Geocaching das Internet das Medium schlechthin ist, erwächst für Tourismusregionen mit den Kernthemen „Wandern und Radfahren" somit ein zusätzliches Gäste-Potential.

4.2.6 Reisemotive – Erholung und Vergnügen sind am Wichtigsten

Als Anhaltspunkt für aktuelle Reisemotive dient der Qualitätsmonitor Deutschlandtourismus 2008/2009 (ERV/DZT). Dieser wurde bewusst gewählt, da er sich ausschließlich mit dem Urlaub in Deutschland beschäftigt und neben deutschen Urlaubern auch das Reiseverhalten ausländischer Gäste abbildet.

Wie Abbildung 13 zeigt, existieren laut Qualitätsmonitor hinsichtlich der Reisemotivation im eigenen - bekannten - Heimatland deutliche Unterschiede zum Urlaub im – unbekannten - Ausland. Nicht verwunderlich ist daher beispielsweise, dass 39% der ausländischen Gäste in Deutschland ‚Außergewöhnliches sehen' möchten, wogegen dies für nur 17% deutscher Urlauber im eigenen Land eine Rolle spielt. Auch ohne konkretes Datenmaterial zur Verfügung zu haben, dürfte das Selbe umgekehrt auf deutsche Urlauber zutreffen, wenn sie ins Ausland reisen. Somit sind Unterschiede in der Reisemotivation auch durch die Herkunft begründet.

Abb. 13: Motive deutscher und ausländischer Gäste für den Urlaub in Deutschland

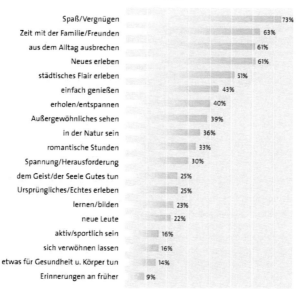

Quelle: Qualitätsmonitor ERV / DZT 2008/2009 (Screen Shot).

Deutsche Urlaubsgäste möchten sich bei ihrem Urlaub im eigenen Land zu aller erst ‚erholen und entspannen' und versprechen sich erst danach von ihrem Urlaub ‚Spaß und Vergnügen'. Für ausländische Gäste steht hingegen der ‚Vergnügungs- und Spaßfaktor' an erster Stelle. Zweithöchsten Stellenwert hat es für Gäste aus dem Ausland, die ‚Urlaubszeit mit der Familie und Freunden' zu verbringen. Darauf folgt das Motiv, ‚dem Alltag zu entfliehen' und selbstredend in einem unbekannten Land ‚Neues zu erleben'.

Für den Schwarzwald interessant ist das Ergebnis hinsichtlich des Motivs ‚in der Natur sein'. Für deutsche Urlauber steht das Naturerlebnis mit 56% an dritter Stelle der Prioritätenliste, bei ausländischen Gästen mit 36% erst auf dem neunten Platz. Hierzu korrespondiert das Bedürfnis ‚städtisches Flair' zu erleben. Während deutsche Gäste in ihrem Urlaub Ballungsgebiete und Städte eher meiden und raus in die Natur möchten, bevorzugen ausländische Gäste offensichtlich Städtetrips mit entsprechendem Unterhaltungs-, Gastronomie- und Shoppingangebot.

Für das Erhebungsziel dieser Studie ist dieses Ergebnis bedeutend. Denn - wie in Kapitel 3 ausgeführt - lassen sich sowohl in der Natur wie auch im urbanen Bereich attraktive Angebote für Gäste kreieren. Umgesetzt werden kann dies beispielsweise durch spezielle Stadtführungen mit GPS-Gerät (siehe hierzu auch Kapitel 6, Tabelle 18 und Anlage 14). Da es sich zudem um eine weltweit bekannte Freizeitbeschäftigung in federführend englischer Sprache handelt, sind Geocaching - Angebote als „Zugpferd" für ausländische Gäste wie geschaffen.

Als weiterer Punkt wird in der Umfrage der soziale Aspekt des Reisens untersucht.

Denn wie in Abbildung 13 ersichtlich wird, ist es für knapp die Hälfte (48%) der deutschen Urlauber wichtig, den Urlaub in Deutschland mit der Familie und / oder Freunden zu verbringen. Wie bereits erwähnt, fällt hier die Präferenz bei ausländischen Gästen höher aus (63%). Dies verwundert nicht, wenn man bedenkt, dass der Auslandsaufenthalt vermutlich der Jahresurlaub ist, den man verständlicherweise gerne mit der Familie verbringen möchte.

In diesem Zusammenhang ist auch das wesentlich höhere Ergebnis für deutsche Urlauber des ADAC zu sehen. Wie erwähnt, werden bei dieser Befragung alle Urlaube – sowohl in Deutschland wie im Ausland erfasst. Demnach ist es dem Großteil deutscher Urlauber (73%) wichtig im Urlaub mit der Familie zusammen zu sein. Zudem geben 58,1% an, den Urlaub gerne mit Freunden zu verbringen. Darüber hinaus ist es für rund 1/3 der Befragten (32,7%) ein Entscheidungskriterium für eine Destination, wenn diese als ‚Kinder / Familienfreundlich' gilt und entsprechende Angebote vorhält.[143]

Der soziale Aspekt ‚im Urlaub gerne mit der Familie und mit Freunden zusammen sein zu wollen' wird als maßgebliches Kriterium zu einem gelungenen Urlaubs- bzw. Freizeitvergnü-

---

[143] Vgl. ADAC (Hrsg.). Krause Chr. (2010). a.a.O.

gen in die empirische Umfrage zum Thema Geocaching aufgenommen. Somit wird gleichzeitig untersucht, inwieweit Geocaching den Trend des 21sten Jahrhunderts - weg von der reinen Individualisierung hin zu sozialorientierten Lebenskonzepten[144] – bedient.

Da wie in Abbildung 13 ersichtlich, fast ein Drittel (27%) aller deutschen Urlauber sich im Urlaub aktiv betätigen möchte, ist auch dies für die Erhebung zum Thema Geocaching von Bedeutung (Motiv: ‚aktiv/sportlich sein'). Bei den ausländischen Gästen sind es hingegen nur 16%, die bei ihrem Aufenthalt in Deutschland aktiv sein wollen. Ebenso verhält es sich mit dem Kriterium ‚etwas für die Gesundheit und den Körper tun' zu wollen. Dies ist für mehr als ein Drittel (34%) der deutschen Gäste von Bedeutung, jedoch nur für 14% ausländischer Gäste. Wenn diese Urlaub in Deutschland machen haben sie andere Schwerpunkte, wie oben aufgezeigt.

Der ADAC bestätigt das Bedürfnis, sich im Urlaub sportlich betätigen zu wollen. Demnach suchen sich 23,8% eine Destination nach den dort vorhandenen ‚Sportmöglichkeiten' aus. Noch deutlicher fällt das Ergebnis hinsichtlich der durchgeführten Urlaubsaktivitäten aus. Demnach haben 53,4% der Befragten während ihres letzten Urlaubes Sport getrieben. Zudem haben beachtliche 70,3% Wanderungen unternommen und 23,7% sind Fahrrad bzw. Mountainbike gefahren.[145]

Aufgrund der Trendwirkung wird auf das gestiegene Gesundheits- und Naturbewusstsein der Urlauber im nachfolgenden Kapitel nochmals näher eingegangen.

4.2.7 Gesundheit und Natur stehen hoch im Kurs

Zu Beginn des 21sten Jahrhunderts ist auch beim Reisen ein neues Bewusstsein für körperliche und geistige Gesundheit sowie für Umwelt und Natur zu beobachten.

Megatrend Gesundheit
Schon immer ist die Gesundheit den Menschen ein hohes Gut. Dem deutschen Philosophen Arthur Schopenhauer (1788 – 1860) wird folgendes Zitat zugeschrieben:

„Gesundheit ist nicht alles, aber ohne Gesundheit ist das Leben nichts."

Die Fachliteratur bezieht sich bei der Definition in der Regel auf die World Health Organisation (WHO). Diese lautet seit 1948 unverändert: "Health is a state of complete physical, mental and social well-being and not merely the absence of disease or infirmity."[146] Somit ist nach der Definition der WHO „Gesundheit ein Zustand des vollständigen körperlichen,

---
[144] Vgl. Opaschowski, H.W. (2006). a.a.O., S. 62f.
[145] Vgl. ADAC (Hrsg.). Krause Chr. (2010). a.a.O.
[146] World Health Organization (WHO). Präambel der Verfassung der Weltgesundheitsorganisation. a.a.O.

geistigen und sozialen Wohlergehens und nicht nur das Fehlen von Krankheit oder Gebrechen."

Oft wegen ihrer Absolutheit und der realitätsfremden Aussage des ‚vollständigen Wohlbefindens' kritisiert, zeigt die Definition der WHO doch eindeutig auf, dass Gesundheit ganzheitlich zu verstehen und damit viel mehr ist - als nicht krank zu sein.

Insbesondere in Europa gilt Gesundheit heute und für die Zukunft als einer der ‚Megatrends'. Nach Naisbitt, dem amerikanischen Futurologen, der den Begriff prägte, dauern Megatrends zwischen sieben und zehn Jahren oder länger an. Megatrends sind demnach weit reichende soziale, wirtschaftliche, politische und technologische Veränderungen.[147] Die Neuerungen beeinflussen das Leben tief greifend und grenzen sich zu kurzlebigen Modetrends ab.

Die so genannten ‚Kondratieff-Zyklen'[148] beschreiben sogar Wirtschaftszyklen und Schwankungen mit einer Dauer von 40 – 60 Jahren. Ihnen zu Grunde liegen entscheidende Innovationen, die als epochale Neuerungen das Bisherige revolutionieren und das Leben, den Lebensstil und die Wertevorstellungen der Menschen nachhaltig verändern.

Im „zweiten Kondratieff – Zyklus" (1850-1890) war dies beispielsweise die wörtlich genommen „bahnbrechende" Erfindung der Eisenbahn. Ein technisches Wunderwerk aus Dampfkraft und Stahl, das Zeit und Raum veränderte und mit dem die Deutschen vor nun 175 Jahren[149] das Tempo kennen lernten.[150]

Wie in Kapitel 2.2.4 beschrieben, waren die daraus erwachsenen Boomfaktoren der Motorisierung, Mobilität und des Transports für die wirtschaftliche und hier insbesondere die touristische Entwicklung der Schwarzwald - Orte entlang der Bahnstrecken maßgeblich. Mit dem Tourismus erschloss sich eine neue und nachhaltige Erwerbsquelle für die Bewohner des Schwarzwaldes. Eine neue Ära begann.

Für den kommenden „sechsten Kondratieff", der auf das an Erneuerungen nahezu ausgeschöpfte Zeitalter der Informationstechnologie folgt, erwarten Zukunftsforscher den Gesundheitssektor als maßgeblichen Boomfaktor. Nach Meinung Nefiodows, L.A. hat dieser neue Langzyklus mit der weltweiten Rezession der Jahre 2001 - 2003 bereits begonnen. Ihm zu Folge wird die Periode ein halbes Jahrhundert andauern und sowohl die psychosoziale Gesundheit als auch die Biotechnologie als maßgebliche Innovationspotentiale aufweisen.[151]

---

[147] Vgl. Naisbitt, J. (1982). Megatrends: Ten New Directions Transforming Our Lives. New York: Warner Books, S. 55.
[148] "Theorie der langen Wellen", lang anhaltende Konjunkturbewegungen, benannt nach dem russischen Ökonomen Nikolai Kondratieff (1892-1938).
[149] Jungfernfahrt des „Adler" am 07.12.1835 auf einer 6 km langen Strecke von Nürnberg nach Fürth in 14 Minuten - zehn Minuten weniger als mit der schnellsten Pferdekutsche.
[150] Vgl. Olivier, T. (2010). Rauchender Koloss überwindet Raum und Zeit. 175 Jahre Eisenbahn in Deutschland. In: Schwarzwälder Bote. Tageszeitung. Wochenendjournal. Ausgabe 04.12.2010.
[151] Vgl. Nefiodow, L.A.(2006). Der sechste Kondratieff – Wege zur Produktivität und Vollbeschäftigung im Zeitalter der Information. Sankt Augustin: Internet:. http://www.kondratieff.net/19.html (Stand: 13.08.2010).

Auch laut Opaschowski, H.W. wird (…) das Gesundheitsbedürfnis wichtiger, weil die Leistungsgesellschaft unsere Gesundheit im beruflichen und privaten Bereich mehr gefährdet."[152]

Somit ist davon auszugehen, dass der Gesundheitsmarkt weiter wachsen und zu einem wesentlichen Schlüsselmarkt der wirtschaftlichen Entwicklung werden wird.

Hiervon profitiert auch der Tourismus. Das Verlangen der Gäste auch oder gerade im Urlaub und ihrer Freizeit etwas für die Gesundheit und den Körper tun zu wollen[153] hat zur Verschmelzung der Bereiche Gesundheit und Tourismus geführt. Mittlerweile hat sich eine eigene Sparte, der so genannte „Gesundheitstourismus" etabliert. Hierzu zählen vereinfacht ausgedrückt alle Reisen und alle einzelnen medizinischen Anwendungen und gesundheitsorlentierten Aktivitäten am Urlaubsort, die zum Ziel haben, die eigene Gesundheit zu födern bzw. wieder her zu stellen. Neben den Teilbereichen Klinik- und Kurtourismus ist es insbesondere der Wellnesstourismus, der weltweit boomt und dem ein überproportionaler Zuwachs bescheinigt und anhaltendes Wachstum prognostiziert wird. Derzeit nimmt rund ein Drittel der Urlauber (31,4%) Wellnessangebote wahr.[154]

Wellness, abgeleitet vom englischen "well" oder "wellbeing" beschreibt - wie auch in der WHO Definition zu Gesundheit verwendet - einen Zustand von körperlichem, seelischem und mentalem und daher ganzheitlichem Wohlbefinden.

Opaschowski, H.W. hat schon 1987 auf den Trend hingewiesen, bei dem „aus Fitness ‚Wellness' wird." Seine Definition lautet: „Wellness ist Fitness für Körper, Seele und Geist."[155]

Die Gruppe der Wellnesskunden fügt sich in das Kurzurlauberprofil ein.

Wellnessgäste möchten durch kurze Urlaube ihre Gesundheit erhalten, sich von den Belastungen am Arbeitsplatz erholen und selbst aktiv und präventiv etwas für ihre Gesundheit tun.[156] Sie bewegen sich regelmäßig und betreiben überwiegend sanften Sport, wie Laufen, Walken, Radfahren und Wandern und sind folglich gerne an der frischen Luft und in der Natur. Wellnessgäste legen mehrheitlich gesteigerten Wert auf eine ausgewogene Ernährung und versuchen durch Entspannung Stressfaktoren entgegen zu wirken.

---

[152] Opaschowski, H.W. (2006). a.a.O., S. 23.
[153] Siehe Abbildung Nr. 13 in dieser Studie mit dazugehörigen Ausführungen.
[154] Vgl. ADAC (Hrsg.). Krause Chr. (2010). a.a.O.
[155] Opaschowski, H.W. (2006). Deutschland 2020. Wie wir morgen leben - Prognosen der Wissenschaft. 2.erw. Auflage. Wiesbaden: VS Verlag für Sozialwissenschaften. S. 265 in Bezug auf Opaschowski, H.W. (1987). In BAT Institut. 1987, S. 34.
[156] Vgl. Barth, R. / Werner, C. (2005). Der Wellness-Faktor. Modernes Qualitätsmanagement im Gesundheitstourismus. Wien: Verlag Werner, S. 55f.

Sehnsucht nach Natur

Der Naturbegriff hat sich verändert. Die „neue starke Sehnsucht nach Natur" wird als „Neo Nature" beschrieben. Natur ist demnach nicht mehr „spießig und konservativ" (1980er Jahre), sondern „chic und trendy" (2010er Jahre).[157]

Heute wird die Natur nicht mehr idealisiert und romantisch verklärt, wie dies beispielsweise zu Beginn des Tourismus im Schwarzwald Mitte des 19ten Jahrhunderts der Fall war. Naturräume werden in einem zunehmend respektvollen Lebensstil aktiv genutzt.[158] Daher verwundert es nicht, dass die Nachfrage nach naturnahen Freizeitaktivitäten gestiegen ist und auch das Wandern einen positiven Imagewandel erfährt und ‚in' ist.[159]

Zudem dominieren bei deutschen Urlaubern die Themen „Landschaft und Natur" die Auswahlkriterien zur Entscheidung für einen Urlaubsort im eigenen Land.[160]

„In der Natur sein" wird auch - wie unter 4.2.6 bereits beschrieben und in Abbildung 13 aufgezeigt - im Qualitätsmonitor als wesentliches Reisemotiv für 56% der deutschen Urlauber in ihrem Heimatland bestätigt. Wie dort bereits ausgeführt, spielt der Bezug zur Natur hingegen für ausländische Gäste bei ihrem Urlaub in Deutschland eine untergeordnete Rolle (36%). Hieraus folgt, dass touristische Angebote in der Natur - insbesondere für ausländische Urlauber – dann attraktiv sind, wenn sie wie der Trendsport Geocaching einen Erlebnis- und Spaßcharakter besitzen (Spaß und Vergnügen 73%).

4.2.8 Das Wandern erfährt eine Renaissance

Wie eine aktuelle Grundlagenuntersuchung zum Freizeit- und Urlaubsmarkt Wandern, des deutschen Wanderverbandes zeigt, liegt Wandern[161] im Trend. Das in der Studie beschriebene Wandern umfasst touristische Wanderungen im Rahmen von Urlauben ebenso wie Wanderungen als Naherholung, die teilweise deutlich kürzere Distanzen aufweisen.

Der Wandertourismus ist mit rund 144.000 damit verbundenen Arbeitsplätzen und rund 7,5 Milliarden Euro Ausgaben der Wanderer in den Destinationen vor Ort, demnach ein wichtiger Teilbereich des Deutschlandtourismus.[162]

Etwas mehr als die Hälfte (rund 56%) der deutschen Bevölkerung ab 16 Jahren kann als aktive Wanderer bezeichnet werden. Somit wandert jeder Zweite – in unterschiedlicher

---

[157] Vgl. Kirig, A./ Schick, I. (2008). Neo-Nature. Der große Sehnsuchtsmarkt Natur. 1. Auflage. Kelkheim: Zukunftsverlag, S. 6ff.
[158] Vgl. Bundesministerium für Wirtschaft und Technologie (Hrsg.) (2010). a.a.O., S. 23f.
[159] ebd., S. 23f.
[160] Vgl. ADAC (Hrsg.). Krause Chr. (2010). a.a.O.
[161] Definition Wandern: „Wandern ist Gehen in der Landschaft. Dabei handelt es sich um eine Freizeitaktivität mit unterschiedlich starker körperlicher Anforderung, die sowohl das mentale wie physische Wohlbefinden fördert. Charakteristisch für eine Wanderung sind: Eine Dauer von mehr als einer Stunde, eine entsprechende Planung, Nutzung spezifischer Infrastruktur sowie eine angepasste Ausrüstung." In: Bundesministerium für Wirtschaft und Technologie (Hrsg.) (2010). a.a.O., S. 23.
[162] Vgl. Bundesministerium für Wirtschaft und Technologie (Hrsg.) (2010). a.a.O. Vorwort.

Intensität. Die größte Gruppe machen die ‚gelegentlichen Wanderer' mit 23% aus. 18% wandern selten und beachtliche 15% der Befragten regelmäßig. 44% der Befragten gaben an, nie zu wandern.[163] [164]

Gewandert wird in jedem Alter. Die Bereitschaft zu wandern steigt jedoch mit zunehmendem Alter an – wobei ab einem Alter von 75 Jahren auf Grund körperlicher und gesundheitlicher Einschränkungen verständlicherweise wieder weniger gewandert wird.

Personen, die regelmäßig wandern sind durchschnittlich 54 Jahre alt und weisen damit ein deutlich höheres Alter auf als gelegentlich (47 Jahre) oder selten (42 Jahre) wandernde Personen.[165]

Der Altersdurchschnitt zwischen aktiven Wanderern (47 Jahre) und Nicht-Wanderern (48 Jahre) hält sich die Waage.

Für die Umfrage zum Thema Geocaching und auch für die allgemeinen Gesundheitsaspekte ist es erfreulich, dass auch über die Hälfte (53,9%) junger Menschen Lust zum Wandern hat.

Wenn auch weniger häufig als dies in höheren Altersklassen der Fall ist.

In der Altersgruppe der 16 bis 24Jährigen wandern 5,3% regelmäßig und stolze 21,2% wandern gelegentlich. Bemerkenswerte 27,4% (also fast ein Drittel) wandern zwar eher selten - doch sind sie nach obiger Definition, wenn auch nur ein bis zwei Mal im Jahr, doch für mindestens eine Stunde zu Fuß draußen in der Landschaft unterwegs.

Um der Jugend wieder einen zeitgemäßen Spaß am Wandern zu vermitteln, nützen auch die Wanderverbände den Trendsport Geocaching. Für die allgemeine Anerkennung der Freizeitbeschäftigung des Geocaching spricht beispielsweise, das deutsche Geocaching-Internetportal,[166] das von der deutschen Wanderjugend unterstützt und gefördert wird.

Wie eine Fernsehsendung zeigt, wird auch über dieses Medium der positive Aspekt des Geocaching in Verbindung mit dem Wandern transportiert und auf die „richtige" und somit naturverträgliche Ausübung des Hobbys hingewiesen. Dabei wird festgestellt, dass: „Geocaching (längst) vom Insider-Vergnügen zum breiten Trend geworden (ist), der alle Schichten durchdringt."[167] Lehrer und Sekretärinnen - die ihre Freizeit dafür opfern würden - werden ebenso genannt wie Wanderverbände, die mit Hilfe des Geocaching das Wandern, insbesondere für junges Publikum, wieder attraktiv machen möchten.

---

[163] ebd., S. 25f.
[164] ebd., S. 24. Definition: Regelmäßig Wandern bedeutet mehrmals pro Monat eine Wanderung, mindestens aber mehrmals pro Halbjahr eine Wanderung. Gelegentlich wandern heißt mindestens ein bis zweimal pro Jahr, teilweise auch häufiger wandern. Wanderer, die selten wandern sind in der Regel bis zu zweimal pro Jahr unterwegs.
[165] Vgl. Bundesministerium für Wirtschaft und Technologie (Hrsg.) (2010). a.a.O., S. 25.
[166] Vgl. Deutsche Wanderjugend (Hrsg.). (2008). Internet: http://www.geocaching.de (Stand: 14.08.2010).
[167] Vgl. Südwestrundfunk (SWR) (Hrsg.) (2010). Liebsch Hilmar. ARD Sendung vom 26.09.2010. Die neue Lust am Wandern – Richtiges Geocaching. Internet: http://www.daserste.de/wwiewissen/beitrag_dyn~uid,dj1u2fi7xdku0adz~cm.asp (Stand: 17.08.2010).

Dass Geocaching unter den Wanderern mittlerweile durchaus ein Begriff ist, zeigt das Ergebnis auf die Frage, welche vorgegebenen Aktivitäten mit dem Begriff ‚Wandern' verbunden werden. 14,5% der Befragten antworteten, dass sie damit das Thema Geocaching assoziieren.[168] Aufgeteilt in Altersstrukturen sind es sogar 26% der Befragten unter 24 Jahren, die dem Wandern die Feizeitbeschäftigung des Geocaching zu rechnen. Mit zunehmendem Alter nimmt der Anteil zwar wieder ab - doch immerhin noch 10% der über 65Jährigen verbinden Geocaching mit Wandern.[169]

Auch der ADAC Reisemonitor[170] bestätigt den Trend zum Naturerlebnis und zur körperlichen und mentalen Aktivität in Form des Wanderns.

‚Eine ‚schöne Landschaft' (89,5%) ist demnach für deutsche Urlauber das wichtigste Entscheidungskriterium bei der Wahl einer Urlaubsregion. Für 87,7% ist es wichtig, dass man sich ‚gut erholen' kann. Die Hälfte der Befragten wählt ihren Urlaubsort danach aus, ob eine ‚unberührte Natur' (52,8%), wenig Umweltverschmutzung (52,4%) und ‚Ruhe und Abgeschiedenheit' vorzufinden sind. Für 43,4% (also fast die Hälfte) ist es entscheidend, dass in der Region ‚viele Wanderwege' vorhanden sind. Und dies wohl gemerkt bei der repräsentativen Befragung aller ADAC Mitglieder zu den Entscheidungskriterien für einen Urlaubsort, die sich nicht wie die obige Befragung des deutschen Wanderverbandes ausschließlich an aktive Wanderer richtete.

Bei der Frage, was die Urlauber in ihrem letzten Urlaub häufig, ab und zu und nie gemacht haben, fällt das Votum zum Wandern noch deutlicher aus. Gegenüber dem Passiven ‚am Wasser / Strand aufhalten' (70,4%) nehmen die aktiven ‚Wanderungen' mit 70,3% als durchgeführte Urlaubsaktivitäten hier einen respektablen Platz ein.[171]

Es kann festgehalten werden, dass der Wandertourismus als Zukunftsmarkt gesehen wird.

Wie der Urlauber allgemein, ist auch der Wandertourist von heute anspruchsvoll. Er erwartet von einer „wanderbaren Region" neben einem gepflegten Wanderwegenetz, eine moderne wandertouristische Infrastruktur, zusätzliche qualitativ hochwertige Serviceleistungen sowie innovative Angebote.[172]

Insbesondere um das bisher ungenutzte Potential bei jungem Publikum sowie Familien mit Kindern und daher einen nachhaltigen Kundenstamm anzusprechen, ist das hier beschriebene Geocaching sehr gut geeignet.

---

[168] Zum Vergleich: Lt. Dt. Wanderverband auszugsweise: Spazierengehen (51%), Trekking (43,5%), Nordic Walking (43%).
[169] Vgl. Bundesministerium für Wirtschaft und Technologie (Hrsg.) (2010), S. 23.
[170] Vgl. ADAC (Hrsg.). Krause Chr. (2010). a.a.O.
[171] Zum Vergleich: Lt. ADAC. Häufigste Urlaubsaktivitäten ‚Ausflüge' (91,6%), ‚Besichtigungen' (84,5%), Shopping (83,5%).
[172] Vgl. Deutsches Seminar für Tourismus (DSFT). (Hrsg.). (2010). Zukunftsmarkt Wandern in Bewegung. Berlin. Internet: http://www.dsft-berlin.de/forum_wandern/Info-alle-1063-4-18.10.html. (Stand: 19.10.2010).

4.2.9 Verändertes Freizeit-, Reise- und Nachfrageverhalten im Allgemeinen

Das heutige Reiseverhalten ist als Spiegel des vollzogenen Wertewandels hin zu einer Freizeitgesellschaft und in zunehmendem Maße in ein „Erlebniszeitalter"[173] zu verstehen. Bedingt durch die verringerte Arbeitsintensität und dadurch steigende Freizeitverfügbarkeit sind materialistische Werte, wie Arbeit, Ordnung und Pflicht in den Hintergrund getreten.

Im Sinne der Individualisierung zählen heute für den Einzelnen Werte wie Abenteuer, Spannung, Selbstverwirklichung, Abwechslung, Kreativität, Spontanität, Ungebundenheit und in zunehmend die Erlebnisorientierung.

Laut Opaschowski, H.W. liegt die Motivation des „Erlebniskonsumenten" nicht in einem eigentlichen Bedarf, sondern im „Wunsch nach Erleben und Sich-verwöhnen-Wollen."[174] Aus einem ausgeprägten und fordernden Anspruchsdenken heraus, möchte die Erlebnisgeneration etwas haben, das sie sich nach eigner Einschätzung verdient hat. Insbesondere der Eventtourismus profitiert von diesen zahlungskräftigen erlebnishungrigen Konsumenten.[175] Bereits 49% der Bundesbürger bezeichnen sich als „Erlebniskonsumenten". Unter den 14 bis 29-Jährigen sind es stolze 68%.[176]

Gleichzeitig ist mit dem unter 4.2.7 beschriebenen Gesundheits- und Umwelttrend eine Umorientierung in den Lebensprioritäten zu beobachten. Opaschowski, H.W spricht von einer Entwicklung „vom Wohlstand zum Wohlbefinden"[177] und von einer neuen „Bewegungs- und Wohlfühlkultur."[178] Demnach richtet sich in einer Gesellschaft, in der die Menschen aufgrund des demografischen Wandels immer älter werden, die Sinnorientierung mehr auf das soziale Wohlbefinden im Familien- und Freundeskreis sowie auf die eigene Befindlichkeit und damit auf die Gesundheit. Neben dem „Ich-Kult" des Individualisierungszeitalters kommt das „Wir-Gefühl" wieder stärker zum Tragen. Opaschowski, H.W. geht davon aus, dass „(…) das ‚Ich' auf das soziale Umfeld angewiesen bleibt (…) und die Abhängigkeit von anderen eher größer wird."[179]

Urlaub und Freizeit haben dabei nach wie vor einen hohen Stellenwert und tragen entscheidend zu einem positiven Lebensgefühl und zur allgemeinen Lebensqualität – als einem der höchsten Werte der modernen Gesellschaft[180] - bei.

---

[173] Opaschowski, H.W. (2006). a.a.O., S. 59.
[174] ebd.
[175] ebd.
[176] Vgl. Hammann, G./Rohwetter, M. (2003). Der gnadenlose Kunde. In: Die Zeit vom 10. Juli 2003, Nr. 29, S. 15.
[177] Opaschowski, H.W. (2006). a.a.O., S. 59.
[178] ebd. S. 265.
[179] ebd., S. 62.
[180] ebd., S. 61.

Auch Meffert/Bruhn weisen auf ein verändertes Nachfrageverhalten der Kunden hin.[181] Sie nennen es - neben vielfältigen weiteren Einflüssen - als Ursache der zunehmenden Nachfrage nach Dienstleistungen.

Demnach ist allgemein bei der Nachfrage nach Dienstleistungen ein Trend zu mehr Komfort und Bequemlichkeit (Convenience) bei den Konsumenten zu beobachten. Dadurch, dass der heutige anspruchsvolle Kunde zwischen zahlreichen Dienstleistungen wählen kann, die ihm das Leben - und im touristischen Bereich den Aufenthalt am Urlaubsort - so angenehm, stressfrei und einfach wie möglich machen, wird dieser Trend noch verstärkt.

Hinzu kommt, dass die Märkte immer transparenter werden und sich Kunden gezielter über den qualitativen Wert einer Dienstleistung informieren können. Gerade im Tourismus spielen die neuen Möglichkeiten der Kommunikation zwischen Konsumenten eine große Rolle. Reisende tauschen sich im Internet in Kundenforen aus oder geben in speziellen Bewertungsportalen, wie beispielsweise „Holiday Check" oder „Trip Advisor" ihre Meinung und Erfahrung zu Ausstattung und Service einer Dienstleistung ab. Da hierdurch eine sinkende Loyalität der Kunden zu beobachten ist, empfehlen Meffert/Bruhn den Unternehmen zusätzliche Serviceleistungen, so genannte „Value Added Services" anzubieten.

4.3 Basisannahmen für die empirische Untersuchung

Die nachfolgende empirische Untersuchung stützt sich auf die Annahme, dass der Gast, der in den Schwarzwald reist - hier der Geocacher - entgegen der Meinung Freyers, welche in Kapitel 2 ausgeführt wurde, durchaus eine konkrete Vorstellung über „das wohin" und somit das Image einer Region hat.

Die Untersuchung geht davon aus, dass der Schwarzwaldurlauber und Geocacher die Ferienregion nicht besucht, um am Strand am Meer und in der Sonne zu liegen. Im Zeichen des ‚Megatrends Gesundheit' möchte der Gast im Urlaub aktiv sein und bewusst etwas für die eigene Gesundheit tun. Natur und Naturnähe fallen bei seiner Reiseplanung stark ins Gewicht. Wichtiges Entscheidungskriterium sind für ihn eine schöne Landschaft und die vielfältigen Möglichkeiten, die ihm die Region in Sachen Wandern, Rad fahren, Kulinarik, Erholung und natürlich Geocaching bietet.

Die Nutzung des Internets als zeitgemäßes Medium, sowie immer ausgefeiltere technische Einsatzmöglichkeiten mobiler Navigationsgeräte im Outdoorbereich, sprechen für das Andauern bzw. die Weiterentwicklung des Geocaching-Trends.

---

[181] Vgl. Meffert, H./ Bruhn, M. (2005). Dienstleistungsmarketing, Grundlagen – Konzepte – Methoden. 5te. Aufl. Wiesbaden: Gabler, S. 6ff.

Auch 36% der aktiven Wanderer geben an, großes Interesse an den Themen „Elektronik/Computer/Technologie" zu haben. Bei jüngeren Wanderern bis 24 Jahren liegt der Anteil bei bemerkenswerten 41% - also fast der Hälfte der Befragten. Auch in höheren Altersklassen wird die 30%[182] Grenze nicht unterschritten. Diese Ergebnisse sprechen bei den regelmäßig wandernden Personen für den zukünftigen Einsatz technischer Geräte.

Im Vorgriff auf das Untersuchungsergebnis ist bereits heute die Nachfrage nach digitalisierten Wanderkarten erkennbar. Wie beispielsweise Anlage 8 zeigt, bietet das Schwarzwaldtourismus Portal – unter Wander News - eine „Wander App" zum Download auf ein Smartphone an. Oder der Gast kann sich bei Tourismusgemeinden, die auf das Wandern spezialisiert sind - wie beispielsweise die Gemeinde Baiersbronn und dem Markenzeichen „Wanderhimmel" - anhand einer digitalen Wanderkarte individuelle Touren zu den Aktivitäten Wandern, Laufen, Radeln zusammenstellen (siehe auch Anlage 16).

Die nachfolgende Untersuchung stützt sich weiterhin auf das ermittelte Ergebnis des ADAC Reisemonitors, nach dem 19% der deutscher Urlauber ihren Aufenthaltsort nach dem Kriterium ‚Ausübung eines Hobbys' auswählen.[183] Demnach hat die weltweit bekannte Freizeitbeschäftigung des Geocaching das Potential ein zusätzlicher „Besuchermagnet" für eine Region zu sein.

---

[182] Vgl. Bundesministerium für Wirtschaft und Technologie (Hrsg.) (2010), S. 98.
[183] Vgl. ADAC (Hrsg.). Krause Chr. (2010). a.a.O

5 Empirische Erhebung und Befragung

5.1 Ziele der empirischen Erhebung

Wie in Kapitel 4 bereits herausgearbeitet wurde, kann der Trendsport Geocaching das Reiseverhalten der Urlauber beeinflussen. Der empirische Teil dieser Untersuchung zielt auf die Analyse von Reiseverhalten in Abhängigkeit zu Geocaching ab. Erklärtes Ziel ist es, aus den Erkenntnissen Anreize für Urlaubsdestinationen zu schaffen und hierdurch über die Förderung von Geocaching zusätzliche Belegzahlen zu erlangen. Erhoben werden diese Erkenntnisse beispielhaft anhand der Urlaubsdestination Schwarzwald.

5.2 Stand der Forschung und Erhebungsmethode

Wissenschaftlich belegte Zusammenhänge zwischen der Wahl einer Urlaubsdestination und dem Hobby bzw. Trendsport Geocaching bestehen nicht oder nur eingeschränkt. Eine Untersuchung im Rahmen einer Diplomarbeit von Telaar, D.[184] im Jahre 2007 befasste sich mit der Untersuchung des Typen Geocacher. D.h. aus der Untersuchung sind Erkenntnisse zum Typus, zum Reise- und Gruppenverhalten eines Geocachers ableitbar. Im Jahre 2008 wurde durch Henneberger, P.[185] ebenfalls im Rahmen einer Diplomarbeit das Entwicklungspotential für Urlaubsdestinationen durch Geocaching untersucht. Offen geblieben ist jedoch der konkrete Zusammenhang zwischen Geocaching und einer abgegrenzten oder abgrenzbaren Urlaubsdestination bzw. der empirische Zusammenhang zwischen der Wahl des Urlaubsortes und dem Hobby Geocaching. Tellar, D. sieht hierin ein ausdrückliches Forschungsfeld,[186] dem sich die vorliegende Untersuchung widmet.

Dass ein Zusammenhang zwischen der Umsetzbarkeit und geeigneten Ausübung eines Hobbys und der Urlaubsdestination gegeben sein muss, kann daraus abgeleitet werden, dass das Freizeitverhalten und das persönliche Interesse eines Urlaubers allgemein Einfluss auf die gewählte Urlaubsregion hat. Wissenschaftlich unbelegt ist jedoch - neben dem obigen anzunehmenden Zusammenhang - die direkte Auswirkung der Trendsportart Geocaching auf die Urlaubshäufigkeit, die angestrebte Entfernung des Urlaubszieles und das Urlaubsziel als solches.

D.h. wissenschaftlich nicht erforscht ist die konkrete Auswirkung von Geocaching auf die Belegungs- und Besuchszahlen einer Urlaubsregion.

---

[184] Vgl. Telaar, D. (Studie). (2007). Geocaching. Eine kontextuelle Untersuchung der deutschsprachigen Geocaching-Community. Diplomarbeit. Westfälische Wilhelms-Universität Münster.
[185] Vgl. Henneberger, P. (Studie). (2008). a.a.O.
[186] Vgl. Telaar, D. (Studie). (2007). a.a.O., S. 97.

5.3 Datenerhebung, Gewichtung und Reliabilität

5.3.1 Allgemeines zur Datenerhebung und Gewichtung der Daten

Die Erhebung der Daten im Rahmen dieser Studie wird dem quantitativen Paradigma[187] zugerechnet, da mit Hilfe quantifizierbarer Methoden die Strukturen der Zusammenhänge und Regeln aufgedeckt werden. Die Daten werden somit systematisch in Primärdaten und Sekundärdaten unterschieden.

Als **Primärdaten** gelten die von Geocachern erhobenen Daten. Diese werden den Primärdaten zugeordnet, da die Geocacher als Urlauber im Erhebungsgebiet die Entscheidungsträger für die Wahl der Urlaubsdestination sind.

Als **Sekundärdaten** gelten Daten, welche bei den Tourismusbüros oder Kurvereinen erhoben werden könnten. Die Zuordnung zu den Sekundärdaten erfolgt, da die obig genannten Organisationen als Vermittler, Informationslieferant oder Kontaktpersonen zu den Urlaubern fungieren. Bezüglich der Auswahl der Urlaubsdestination für den Erholungssuchenden haben sie jedoch nur aufklärenden und nicht entscheidenden Charakter.

Im Rahmen der empirischen Erhebung werden nur die Primärdaten erhoben. Begründet wird dies mit dem Ziel der Studie, die Einflussfaktoren auf die Auswahlentscheidung der Urlaubsdestination zu erheben. Vorausgehende oder unterstützende Informationen und Dienstleistungen, welche eine Urlaubsentscheidung begünstigen, beeinflussen zwar - wie ausgeführt - sekundär die Entscheidung, doch zur Beantwortung der Forschungsfrage ist ausschließlich auf die Urlauber als solches abzustellen. D.h. es werden ausschließlich die Primärdaten erhoben.

5.3.2 Geografische Eingrenzung der Erhebung

Die Gesamtzahl der als Geocacher angemeldeten Personen stellt den quantitativen Selektionsbereich im geografischen Sinne dar. Hierbei lässt sich keine Begrenzung ableiten, da die Teilnehmer weltweit agieren. Somit erscheint eine willkürliche Auswahl der registrierten Geocacher wenig zielführend.

Sinnvolles und vor allem nutzbringendes Selektionskriterium ist die Begrenzung auf Geocacher, welche bereits in der Zieldestination Geocaches gefunden haben. Hierbei wird zwar das Potential der Geocacher verkannt, welche u.U. vorhaben die Urlaubsdestination in absehbarer Zeit aufzusuchen. Doch um die Frage gezielt auswerten zu können, erscheint

---

[187] Vgl. Raithel, J. (2008). Quantitative Forschung – ein Praxiskurs. 2. Auflage Frankfurt: VS Verlag für Sozialwissenschaften.

ausschließlich eine Teilnahme von Personen Erfolg versprechend, welche bereits im Zielgebiet vor Ort waren.

Auf den Profilen der Geocacher sind die Heimatgemeinden und Städte angegeben. Um den Bezug zur Urlaubsregion zu gewinnen, wird bei der geografischen Eingrenzung eine Mindestentfernung von 50 km vom Fundort als weiteres Selektionskriterium gewählt. Auf diese Weise werden direkt am Fundort ansässige Geocacher vorab ausgeschlossen, um die touristische Zielsetzung der Umfrage zu verstärken.

Abb. 14: Geografische Selektionskriterien der Umfrageteilnehmer

Geografische Selektionskriterien	
Selektion nach gefundenen Geocaches	**Selektion** nach Mindestentfernung des Wohnorts vom gefundenen Geocache
Selektionskriterium: Nordschwarzwald	**Selektionskriterium**: Mindestentfernung 50km

5.3.3 Zeitliche Eingrenzung der Erhebung

Da aktuelle Trends und Neigungen Einfluss auf die Ergebnisse der Erhebung haben, werden ausschließlich Teilnehmer eingebunden, welche innerhalb der letzten 12 Monate vor Durchführung der Erhebung in der Destination Schwarzwald als Geocacher unterwegs waren.

Auf die Dauer des Aufenthaltes kann nicht abgestellt werden, da dieser aus gefundenen Geocaches nicht abgeleitet werden kann. Zudem stellt die Verweildauer eine zu erhebende Variable dar.

5.3.4 Gewichtung der Teilnehmer der Befragung

Die Daten werden als Primärdaten von Geocachern erhoben, welche innerhalb der letzten 12 Monate Geocaches im Nordschwarzwald gefunden haben.

Die Gewichtung erfolgt nach dem Verhältnis der versteckten Geocaches, unterteilt nach deren spezifischem Cachetyp.[188] Hierdurch wird garantiert, dass verschiedene Trends und Neigungen der Geocacher reliabel zur Aussagefähigkeit der Erhebung sind. D.h. persönliche Neigungen - beispielsweise zu „Mystery Geocaches" - werden in Relativität zur Gesamtanzahl der gefundenen Geocache der Untersuchungsregion eingebunden. Anhand der Statistik[189] der in Deutschland versteckten Geocaches lässt sich Abbildung 15 ableiten.

---

[188] Vgl. Gründel, M. (2008). a.a.O., S.23
[189] Vgl. Deutsche Wanderjugend. (Hrsg.) (2010). Statistik Geocaching. Internet: http://cms.geocaching.de/index-php?id=9 (14.08.2010).

Abb. 15: Geocachetypen und Anzahl in Deutschland

Geocache in Deutschland (Stand 14.06.2010)	
Cachetyp und Anzahl	Prozentualer Anteil (%)
Traditional Cache (73.497)	55,90
Multicache (29.437)	22,40
Mystery Cache (26.175)	19,90
Earthcache (1.421)	1,08
Letterbox Hybrid (310)	0,23
Andere (587)	0,49
131.427	100

Quelle: Deutsche Wanderjugend.

Die Cachearten Earthcache, Letterbox Hybrid und andere werden durch vorhandene regionale Besonderheiten und wegen Geringfügigkeit nicht in die Erhebung einbezogen.

Durch die Begrenzung auf die 3 Basiscachearten, erfolgt die Gewichtung der Datenerhebung - wie in Abbildung 16 dargestellt - wie folgt:

Abb. 16: Datenerhebungsübersicht nach Gewichtung

Gewichtung der Datenerhebung	
Finder von Cacheart	Teilnehmeranteil (%)
Traditional Cache	56,93
Multicache	22,80
Mystery Cache	20,27

5.4 Die Auswahl der Erhebungsmethode

Eine Totalerhebung[190] ist durch die Vielzahl der Geocacher nicht umsetzbar. Somit erfolgt eine Erhebung durch Stichproben. Eine Stichprobe stellt eine Teilmenge aller Untersuchungseinheiten dar, die die untersuchungsrelevanten Eigenschaften der Grundgesamtheit möglichst genau abbildet.[191]

Bei der Auswahl der Erhebungsmethode der Stichproben ist - wie in Abbildung 17 aufgezeigt - zwischen bewusster Auswahl und Zufallsauswahl zu unterscheiden, wobei entsprechend Friedrichs, J.[192] folgende Voraussetzungen für Stichproben im Allgemeinen gelten:

- Die Stichprobe muss ein verkleinertes Abbild der Grundgesamtheit darstellen,
- die Einheiten und Elemente müssen definiert sein,

---

[190] Vgl. Homburg, Ch./Rudolf, B. (1995). Wie zufrieden sind Ihre Kunden tatsächlich? In: Harvard Business Manager. Heft 1, S. 43.
[191] Vgl. Bortz, J. (1993). Statistik für Human- und Sozialwissenschaftler. 6. Auflage. Berlin, Heidelberg: Springer Verlag, S. 84.
[192] Vgl. Friedrichs, J., (1990). Methoden empirischer Forschung. Opladen: Westdeutscher Verlag, S. 125.

- die Grundgesamtheit soll angebbar und empirisch definierbar sein,
- das Auswahlverfahren muss angegeben sein.

Abb. 17: Auswahlverfahren für Stichproben

Auswahlverfahren	
Zufallsauswahl	**bewusste Auswahl**
Der Zufall entscheidet welche Teilnehmer in die Stichprobe gelangen. Die Stichprobenfehler sind abzuschätzen, der Zufallsfehler ist zu quantifizieren.	Anwendung einer bewussten Beschränkung der Teilnehmer durch - Konzentrationsverfahren oder - Quota-Verfahren.

Da eine exakte Definition der Grundgesamtheit nicht nur die Theorie präzisiert, sondern zur Durchführung wissenschaftlicher Untersuchungen unerlässlich ist,[193] erfolgt die Auswahl der zu befragenden Geocacher unter Beachtung dieser Kriterien.

Die Auswahl der teilnehmenden Geocacher erfolgt - unter Beachtung der Quotenauswahl - durch eine zufällige Zuweisung der Finder von Geocachen im selektierten Gebiet, welche die geografischen Selektionskriterien erfüllen. Man bezeichnet dies auch als Randomisierung. Hierdurch sollen personenbezogene Effekte ausgeschlossen und alle denkbaren Störfaktoren ausgeschaltet werden. D.h. Ziel der Randomisierung ist es Generalisierungen auf die Grundgesamtheit aller selektierten Teilnehmer vorzunehmen. Man bezeichnet dies - in Anlehnung an Raithel, J. - als Repräsentativitätsschluss.[194]

Anhand der Übersicht in Abbildung 17 wird die bewusste Auswahlmethode[195] als Auswahlverfahren gewählt. Die vorig beschriebenen Selektionskriterien bieten die Gewähr dafür, dass aus den Ergebnissen der Stichprobe in Bezug auf die Verteilung aller Merkmale auf die Verteilung aller Merkmale in der Grundgesamtheit geschlossen werden kann. Man bezeichnet diese vorausgehende Auswahl auch als Quotenauswahl.

---

[193] Vgl. Raithel, J. (2008). a.a.O., S. 55.
[194] ebd., S. 54.
[195] Vgl. Bortz, J., (1993). a.a.O., S. 84.

Abb. 18: Stichprobenverfahren

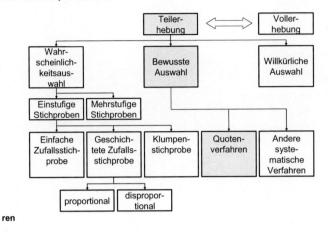

Quelle: Eigene Zusammenstellung

Die Auswahl der quotal selektierten Geocacher erfolgt auf der zweiten Selektionsebene durch einfachen Zufall. Durch diese Zufallsauswahl der Personen, welche einen Geocache im Zielgebiet gefunden haben oder dies versuchten, wird auf der zweiten Selektionsstufe - in Anlehnung an Kromrey, H.[196] - eine aussagefähige und gesicherte Repräsentativität erreicht. Validitätsmängel erscheinen bei der einfachen Zufallsauswahl in Bezug auf die Zielsetzung der Befragung eher unwahrscheinlich, da eine systematische Verzerrung der Aussagefähigkeit eher unwahrscheinlich erscheint.

Abb. 19: Repräsentativität der Auswahlverfahren für Stichproben

Auswahlverfahren	Repräsentativität durch	Repräsentativität gesichert
Willkürliche Auswahl	-, -	Nein
Bewusste Auswahl	Information zu Stich-Probenelementen der Grundgesamtheit (Typisierung, Klassifikation)	Mit Einschränkungen oder nur für die direkte oder indirekt kontrollierten Merkmale
Zufallsauswahl	Zufällige Entnahme der Stichprobenelemente	Ja

---

[196] Vgl. Kromrey, H. (2002). Empirische Sozialforschung. Modelle und Methoden der standardisierten Datenerhebung und Datenauswertung. 10. Auflage. Opladen: Westdeutscher Verlag, S. 302.

5.5 Der Umfang der bewussten Auswahl

Der Umfang der Stichproben ist abzuwägen, um eine mangelnde Repräsentativität der Erhebung auszuschließen. Hierbei kann die Formel für Standardabweichung[197] an Hand der Kriterien „Vertrauensbereich" und „Sicherheitsgrad"[198] eingesetzt werden. Hierbei sind die Variablen vorab zu definieren. Als Variablen sind nur die verschiedenen Fragebereiche einsetzbar, deren Selektion wiederum Ziel der Untersuchung als solches ist. Die durchschnittliche Anzahl der Merkmalsausprägungen lässt sich als die zwei Merkmalsausprägungen der Fragebereiche definieren: (Auswirkung ja oder nein).

Abb. 20: Formel für Standardabweichung

Formel für Standardabweichung
$n = 10 \times K^V$
n = Mindeststichprobengröße
V = maximal erforderliche Kombination von Variablen
K = durchschnittliche Zahl der Merkmalsausprägungen
x = Multiplikationszeichen

Entsprechend den denkbaren Frage- und Anwendungsbereichen sind die Fragebereiche - im Vorgriff auf den Onlinefragebogen - zu gruppieren. Jede Gruppierung kann hiernach als Variable verstanden werden.

Denkbare Gruppierungen[199] der Fragebereiche sind:

- Motivation des Erholungssuchenden,
- Bereitschaft Hobby oder Neigung und Urlaub zu verbinden,
- Bereitschaft des Einsatzes von Technik und neuen Medien,
- Gezielte Auswahlkriterien bei der Auswahl der Urlaubsdestination.

Werden die Gruppierungen den Variablen zugeordnet, so ergibt sich folgender Wert als Mindeststichprobengröße:

$n = 10 \times 2^4$
$n = 160$

Somit sind mindestens 160 Geocacher als Mindeststichprobengröße in die Erhebung einzubinden. Da jedoch die Anzahl der Variablen V zugleich das erhoffte Ergebnis der Befragung darstellt ist – zur Festlegung der Anzahl der Umfragen - die Rücklaufquote vorab

---

[197] Vgl. Friedrichs, J. (1990). a.a.O., S. 144ff.
[198] Vgl. Atteslander, P. (2003). Methoden empirischer Sozialforschung. 10. Auflage. Berlin, New York: de Gruyter Verlag, S. 314ff.
[199] Vgl. Raithel, J. (2008). a.a.O., S. 62.

zu schätzen. In Anlehnung an Hüttner, M.[200] und Bennemann, S.[201] ist von einer Rücklaufquote von 25% auszugehen, um auch die erforderliche Signifikanz[202] zu erfüllen. Hiernach sind in die Umfrage gerundet 650 Teilnehmer einzubinden.

Auf diese Weise ist die für die statistische Aussagefähigkeit erforderliche durch Friedrichs, J. vertretene Mindestanzahl von 10 Fällen[203] je Zelle erfüllt und eine Ausfallquote durch Antwortverweigerung oder unterlassene Mitarbeit bereits vorab eingeplant. Um den Fragebogen vorab zu testen und die grundsätzliche Auskunftsbereitschaft vorab zu erforschen wird der Umfrage ein Pretest vorangestellt.

5.6 Die Auswahl der Datenerhebungsmethode und Struktur

5.6.1 Auswahl der Datenerhebungsmethode

Eine Totalerhebung scheidet - wie schon ausgeführt - aus. Somit erfolgt eine Teilerhebung. Diese Teilerhebung lässt verschiedene Möglichkeiten, wie Onlinebefragung, Telefonbefragung, persönliches Interview oder schriftliche Befragung.

Bedingt durch die teilweise großen Entfernungen der Urlauber zur gewählten Urlaubsdestination und zur Erlangung einer möglichst breiten Streuung der erhobenen Daten, wird die Onlinefragebogenmethode ausgewählt. Diese Methode ähnelt in gewisser Weise der klassischen, schriftlichen Befragung und kompensiert die Entfernungsproblematik. Im Gegensatz zur persönlichen Befragung oder Fragebogenmethode, werden mit der Onlinebefragung Verzerrungen,[204] welche beispielsweise durch das unterschiedliche Auftreten des Befragenden[205] oder verschiedene Tagesformen entstehen können, ausgeschlossen. Ferner ermöglicht die Onlinebefragung eine weitgehend zeitgleiche Befragung der selektierten Teilnehmer, um zeitstrombezogene Neigungen und Stimmungen auszusondern.

---

[200] Vgl. Hüttner, M. (1999). Grundzüge der Marktforschung. 7. Auflage. München: Oldenbourg Wissenschaftsverlag, S. 72.
[201] Vgl. Bennemann, S., (2002). Die Zustellung als Marketingproblem im E-Commerce für Konsumenten. Dissertation. Universität Braunschweig. Braunschweig: Möllenberg Verlag, S. 185.
[202] Vgl. Raithel, J. (2008). a.a.O., S. 124.
[203] Vgl. Friedrichs, J. (1990). a.a.O., S.147.
[204] Vgl. Schnell, R./Hill, P.B./Esser, E. (2005). a.a.O., S. 300.
[205] Vgl. Diekmann, A. (2005). a.a.O., S. 338.

5.6.2 Kriterien für die Datenerhebung und wissenschaftliche Erkenntnisse

Bei der Erstellung des Onlinefragebogens sind die Erkenntnisse zur Struktur und Funktion von Fragen und Antworten zu beachten. D.h. es ist zwischen offenen und geschlossenen Fragen zu unterscheiden.[206] Bei offenen Fragen muss der Befragte selbst eine Antwort formulieren, während bei geschlossenen Fragen Antwortalternativen vorgegeben sind.

Da sich offene Fragen dahingehend als problematisch erweisen, dass Befragte oft Schwierigkeiten haben oder es ihnen lästig ist,[207] offene Fragen zu beantworten, werden geschlossene Fragen bei der Umsetzung der Onlinebefragung gewählt. Diese geschlossenen Fragen haben nach Raithel, J. folgende Vorteile:

- Vergleichbarkeit der Antworten,
- höhere Durchführungs- und Auswertungsobjektivität,
- geringerer Zeitaufwand der Befragten,
- leichtere Beantwortbarkeit bei Verbalisierungsproblemen,
- geringerer Aufwand bei der Auswertung.[208]

Die Anforderungen an die Kategoriensysteme[209] bei geschlossenen Umfragen[210] werden beachtet. Die Erläuterungen dieser Anforderungen werden jedoch an dieser Stelle mit dem Fokus auf das Ziel der Studie nicht weiter vertieft.

5.7 Pretest der Erhebungsmethode

Der Pretest für die Umfrage wurde in der Zeit vom 01.06.2010 bis 14.06.2010 mit 30 Onlinebefragungen durchgeführt. Einbezogen wurden die Finder von 17 „Tradi-Cachen", 7 „Multi-Cachen" und 6 „Mystery-Cachen".

Ziel des Pretest war die Überprüfung

- der Schwierigkeit der Fragen für die Befragten,
- des Verständnisses der Fragen für die Befragten,
- des Interesses und der Aufmerksamkeit des Befragten gegenüber den Fragen,
- der Güte der Filterführung,
- der Kontinuität des Fragenbogenverlaufs,
- der technischen Umsetzung der gewählten Onlinesoftware der Befragung,

---

[206] Vgl. Raithel, J. (2008). a.a.O., S. 68.
[207] ebd.
[208] Vgl. Diekmann, A. (2005). Empirische Sozialforschung. Grundlagen, Methoden, Anwendungen. Reinbek: Rowolth, S. 408.
[209] Vgl. Porst, R. (2000). Praxis Umfrageforschung. Wiesbaden: B.G. Teubner, S. 55ff.
[210] Vgl. Atteslander, P. (2003). a.a.O., S. 164f.

- der Befragungsdauer,
- der Effekte der Fragebogenanordnung,
- von Kontexteffekten,
- des Interesses des Befragten gegenüber der gesamten Befragung und
- der Belastung des Befragten durch die Befragung.

D.h. die Befragung wurde auf Verständlichkeit, Anwendbarkeit, Qualität und Erhebbarkeit geprüft. Für den Pretest wurde eine begrenzte Zahl von Fällen, die strukturell denen der endgültigen Stichprobe entsprechen, vorgenommen.

Als Mindestanzahl der Stichprobengröße werden für einen Pretest nach Converse/Presser[211] - n = 25 bis 50, nach Bortz, J.[212] - n = 30, nach Porst, R.[213] - n = 20 und nach Friedrichs, J.[214] - n = 1% empfohlen. Da 1% der zu Befragenden (1% von 650 = 6,50) lt. Friedrichs, J. zu einer nicht repräsentativen Mindestanzahl führen würde, wurden für den Pretest 30 Stichproben gewählt. Dies entspricht dem arithmetischen Mittel und dem Gebot wissenschaftlicher Vorsicht.[215]

Die Erkenntnis des Pretests wird wie folgt zusammengefasst:

Die Befragung hatte eine Rücklaufquote von 8 Fragebögen, wobei eine Befragung (somit Teilnahme 9) während der Befragung abgebrochen wurde. Somit lag die Teilnahme mit gerundet 30% um 5% über der Erwartung von 25%.[216] Erklärbar erscheint dies durch die auch sonst gewohnte Nutzung von modernen Medien und des Internets der Geocacher bei der Ausübung ihres Hobbys und deren Offenheit. Dennoch wurde der Fragebogen leicht verändert. Konkret wurden 2 Fragen inhaltlich verändert und eine Frage gelöscht. Hierbei erfolgte eine sprachliche Anpassung,[217] welche der Vereinfachung diente.[218] Ferner wurde die Reihenfolge der Fragen optimiert und die Antwortauswahl incl. Mehrfachantwortmöglichkeiten verbessert.

Bei Nichtteilnahme eines Teilnehmers an der Umfrage innerhalb der ersten 7 Tage wurde ergänzend eine Erinnerungsmailfunktion generiert, die auf die Teilnahme an der Umfrage abzielt. Ferner wurde nach Schnell/Hill/Esser[219] je Frage eine „weiß-nicht"-Kategorie aufgenommen, wodurch substantielle Antworten[220] vermieden werden. Zwei so genannte Eis-

---

[211] Vgl. Converse, J.M./Presser, S. (1986). Survey Questions – Handcrafting the Standardized Questionnaire. London: Sage Verlag, S. 69.
[212] Vgl. Bortz, J. (1993). a.a.O., S. 99.
[213] Vgl. Porst, R. (2000). a.a.O., S. 68.
[214] Vgl. Friedrichs, J. (1990). a.a.O., S. 245.
[215] Vgl. Schnell, R./Hill, P.B./Esser, E. (2005). a.a.O., S. 347.
[216] Vgl. Bennemann, S. (2002). a.a.O., S. 185.
[217] Vgl. Converse, A./Presser, S. (1986). a.a.O., S. 10ff.
[218] Vgl. Dillmann, D.A. (1978). Mail and Telephone Surveys. The Total Design Method. New York: Wiley, S. 33ff.
[219] Vgl. Schnell, R./Hill, P.B./Esser, E. (2005). a.a.O., S. 336-337.
[220] Vgl. Raithel, J. (2008). a.a.O., S. 74.

brecherfragen[221] wurden vorangestellt, die das Interesse an der Umfrage wecken und gleichzeitig einfach und angenehm zu beantworten sind.[222]

Als Ergebnis des Pretests wurde die Umfrage mit dem optimierten Fragebogen mit 600 Teilnehmern umgesetzt. Dies entspricht dem angenommenen Mittel aus Pretest und Annahme nach Hüttner, M.[223] und Bennemann, S.[224] von gerundet 27,5% zur Erreichung der Mindeststichprobengröße.

5.8 Durchführung der Erhebung und Dokumentation

5.8.1 Beschreibung der Erhebung

Umgesetzt wurde die Online-Befragung durch die zeitgleiche Versendung von Emails an die Teilnehmer, die einen Link auf den Fragebogen enthalten. Durch Verwendung des Links gelangten die Teilnehmer direkt zur Onlineumfrage.

Die Datenerhebung erfolgte in der Zeit vom 21.06.2010 bis 02.07.2010. Einbezogen wurden – entsprechend der Prämisse aus 5.6.2 und den Erkenntnissen des Pretests - 600 Geocacher der nach dem Verhältnis der gefundenen Cachearten selektierten Geocacher. Personen, welche mehrere Geocaches gefunden hatten, wurden nur einfach berücksichtigt, so dass sich die Teilnehmerstruktur wie folgt darstellt:

Abb. 21: Darstellung der Teilnehmerstruktur der Umfrage

Cacheart	Teilnehmeranteil (%)	Teilnehmeranzahl
Traditional Cache	56,93	341
Multicache	22,80	137
Mystery Cache	20,27	122
Summe	**100,00**	**600**

Problemtisch war hierbei, dass aus den Internetlogs der Geocacher von innerhalb der letzten 12 Monate gefundenen Geocaches im Schwarzwald keine direkten Emailadressen ableitbar waren. Folglich wurden die Emailadressen durch Blindmails aus den Userprofilen der Geocacher (bei www.geocahing.com) oder durch Einzelrecherche aus teilweise vorhandenen Websites der Geocacher gefiltert und in eine Adresstabelle gespeichert. Unter Beiziehung dieser Adresstabelle konnten alle Einladungsemail zeitgleich, bzw. innerhalb eines Tages (Starttag 21.06.2010) an die Teilnehmer versandt werden. Die Umfrage wurde als

---
[221] Vgl. Mayer, H.O. (2004). Interview und schriftliche Befragung: Entwicklung, Durchführung und Auswertung. München: Oldenbourg Wissenschaftsverlag, S. 94.
[222] Vgl. Schumann, S. (2000). Repräsentative Umfrage – Praxisorientierte Einführung in empirische Methoden und statistische Analyseverfahren. 3. Auflage. München, Wien: Oldenbourg Wissenschaftsverlag, S. 75.
[223] Vgl. Hüttner, M. (1999). a.a.O., S. 72.
[224] Vgl. Bennemann, S. (2002). a.a.O., S. 185.

Internetlink in die Email an die Teilnehmer eingebunden. Hierbei wurde der link: http://www.askallo.com/m4bo3j58/survey.html verwendet.

5.8.2 Die Rücklaufquote der Teilnehmer

Bei der Onlinebefragung kam es nach Versendung der Emails mit dem Befragungslink zu folgender – in Tabelle 5 dargestellten - historischen Rücklaufquote:

Tab. 5: Umfrage – Rücklaufquote, historische Darstellung

Datum	Rücklauf vollständig	Rücklauf abgebrochen	Prozentualer Rücklauf
21.06.2010	90	12	49,46%
22.06.2010	35	2	19,24%
23.06.2010	10	0	5,50%
24.06.2010	5	0	2,75%
25.06.2010	5	1	2,75%
26.06.2010	1	0	0,50%
27.06.2010	9	0	4,95%
28.06.2010	15	0	8,25%
29.06.2010	7	1	3,85%
30.06.2010	5	0	2,75%
01.07.2010	0	0	0,00%
02.07.2010	0	0	0,00%
Gesamt	182	22	100,00%

Die Durchschnittsbearbeitungsdauer je Teilnehmer lag bei 10,14 Minuten, die Rücklaufquote lag bei 30,33%. Hierbei erhöhte sich die Rücklaufquote durch das automatisch gesteuerte Erinnerungsmail nach 7 Tagen am 27.06.2010 an jeden Teilnehmer, welcher noch nicht teilgenommen hatte. Durch diese elektronische Erinnerung hatten weitere 36 - oder 19,78% der Geocacher an der Umfrage teilgenommen.

Auffällig war die überproportionale Teilnahme am Ersttag (49,46%). Erklärbar wird dies - wie bereits erwähnt - da Geocacher sehr häufig modernen Medien gegenüber sehr aufgeschlossen sind[225] und auch zum Betreiben der Sportart – insbesondere, um als erster einen Geocache in einer heimatlichen Umgebung zu finden (so genannter First-Found) teilweise permanent online sind.

Die Rücklaufquote entsprach den Erwartungen und spiegelt die unter Kapitel 5.5 erwartete Repräsentativität wider.

---

[225] Vgl. Henneberger, P. (Studie). (2008). a.a.O. Abstract, S. 2.

5.8.3 Die Zielstreuung der Teilnehmer

Aus der Rücklaufquote lässt sich folgende Struktur der Geocacher im Schwarzwald ableiten - wie in Tabelle 6 gezeigt:

Tab. 6: Umfrage – Rücklaufquote nach Dauer des Betreibens von Geocaching

Frage 1: Seit wann betreiben Sie Geocaching als Ihr Hobby?			
Antwort	grafischer Anteil	absolut	relativ in %
Einem Jahr oder weniger		30	16,48
Zwischen 1 und 2 Jahren		65	35,71
Zwischen 2 und 3 Jahren		59	32,42
Mehr als 3 Jahre		28	15,38
Keine Antwort,		0	0,00
Gesamte Antworten.		182	100,00

Dementsprechend betreibt mehr als die Hälfte (68,13%) der Teilnehmer das Hobby Geocaching zwischen einem und drei Jahren. Diese Zugehörigkeitsdauer deckt sich auch mit den Erhebungen von Telaar, D., der in seiner Studie[226] als arithmetisches Mittel ein Zugehörigkeitsdauer zum Trend Geocaching von 1,8 Jahren als Mittel heraus fand.

Auch die mit 16,48% hohe Anzahl an potentiellen Neulingen des Trendsports zeigt die Dynamik der Trendsportart auf und spiegelt eine repräsentative Teilnehmerzusammensetzung an der Umfrage wider. Bezogen auf die Häufigkeit der Ausübung von Geocaching unter den Umfrageteilnehmern ergab sich die in Tabelle 7 dargestellte Zusammensetzung:

Tab. 7: Umfrage – Rücklaufquote nach Häufigkeit der Ausübung

Frage 2: Wie oft üben Sie Ihr Hobby Geocaching aus?			
Antwort	grafischer Anteil	absolut	relativ in %
Mindestens 1 x die Woche		78	42,86
Mindestens 1 x im Monat		87	47,80
Bei Gelegenheit bis selten		12	6,59
Nur an besonderen Orten oder Gelegenheiten		5	2,75
Keine Angaben		0	0,00
Gesamte Antworten.		182	100,00

Die große Mehrheit der Umfrageteilnehmer (90,66%) übt Ihr Hobby mindestens ein Mal im Monat oder ein Mal je Woche aus. Auch diese Teilnahmehäufigkeit steht im Einklang mit den

---

[226] Vgl. Telaar, D. (Studie). (2007). a.a.O., S. 55.

Feststellungen von Telaar, D., der in seiner Studie eine Ausübung von Geocaching mit 0,61% täglich, 26,59% mehrfach je Woche, 36,13% ein Mal je Woche und 27,95% ein bis zwei Mal je Monat herausfand.[227]

Die Prämissen unter 5.6.2 sind somit hinsichtlich der Rückläufer erfüllt. Die Teilnahmestruktur entspricht den Reliabilitätsanforderungen.

5.9 Ergebnis der Erhebung und Verarbeitung

5.9.1 Allgemeine Erkenntnis

Geocacher üben ihr Hobby sowohl in der Wohnumgebung als auch bei Urlauben oder sonstigen Aktivitäten aus - wie Tabelle 8 verdeutlicht.

Tab. 8: Auswertung Umfrage – Gründe für den Aufenthalt

Frage 3: Sie haben mindestens einen Geocache in den letzten 12 Monaten im Schwarzwald gefunden. Warum waren Sie im Schwarzwald (Mehrfachantworten möglich)?			
Antwort	grafischer Anteil	absolut	relativ in %
Ich wohne in der Gegend		49	26,92
Ich habe Verwandte/ Freunde besucht (privat)		18	9,89
Ich hatte beruflich dort zu tun		13	7,14
Ich war für einen Tag in der Gegend		37	20,33
Ich war zum Kurzurlaub dort (2-4 Tage)		53	29,12
Ich habe dort Urlaub gemacht (5 Tage und länger)		41	22,53
Keine Angaben		0	0,00

Das Ergebnis aus Frage 3, nachdem fast ein Drittel der Befragten (26,92%) in der Gegend wohnt, zeigt die weite Verbreitung von Geocaching als Freizeitbeschäftigung im Schwarzwald. Weiter lässt sich ableiten, dass – wenn auch wenige - auch Geschäftsreisende (7,14%) Geocaching betreiben, wenn sie geschäftlich in der Region zu tun haben. Wie jüngste Umfragen zeigen, wird auch im Zeitalter von Internet, E-Mail und Videokonferenzen dem persönlichen Informations- und Ideenaustausch - der „Face-To-Face- Kommunikation" - eine

---

[227] Vgl. Telaar, D. (Studie). (2007). a.a.O., S. 56.

entscheidende Bedeutung zu gesprochen.[228] Daher kann davon ausgegangen werden, dass Geschäftsreisen eher zu als abnehmen werden und somit auch die Nachfrage für touristische Begleitprogramme - wie hier das Geocaching - steigt.

Interessant bei der Erhebung ist, dass der Anteil an Geocachern im Urlaub oder Kurzurlaub überproportional hoch ist (zusammen 51,63%). Rechnet man die Tagesgäste zu den Urlaubern hinzu wird deutlich, dass 71,98% der Umfrageteilnehmer nicht aus der Region stammen bzw. aufgrund der geografischen Eingrenzung (siehe Kapitel 5.2.3) weiter als 50 km entfernt wohnen und zusätzlich niemanden besucht hatten bzw. auch nicht beruflich im Schwarzwald waren. Die Besuchsmotivation orientiert sich somit am klassischen privaten Erholungsurlaub und an der Freizeitaktivität - hier dem Geocaching.

Das Ergebnis bestätigt insgesamt den Schwarzwald als attraktive Kurzurlaubs- und Tagesausflugsdestination zur Naherholung. Der Anteil der Befragten, die einen Urlaub mit 5 Tagen Dauer oder länger im Schwarzwald verbracht haben ist mit (22,53%) beachtlich und bestätigt wie in 4.2.1 beschrieben - die Beliebtheit von Baden-Württemberg als „Top-Five-Reiseziel" innerhalb Deutschlands.[229] Wird hinsichtlich der Quellgebiete das unter 4.2.3 beschriebene Ergebnis der Studie zum Thema Wandern[230] herangezogen und damit das Ergebnis in Kapitel 5.9.3 vorweggenommen, nachdem 18,68% der Geocacher ihr Hobby mit Wandern verbinden, verdichtet sich das Bild der befragten aktiven Geocacher. Zum Großteil dürften diese aus Baden-Württemberg und den benachbarten bzw. nahe gelegenen Bundesländern stammen.

Wie Tabelle 9 zeigt, ist der Kostenaufwand für das Hobby Geocaching nicht homogen. Die relative Kostenbereitschaft schwankt zwischen 100 € bis 250 € im Jahr (22,53%) bis hin zu mehr als 500 € im Jahr (30,22%). Erklärbar wird dies u.a. durch die zurückzulegenden Entfernungen, da die Kosten des Transports ausdrücklich in der Kostenschätzung mit umfasst waren.

Hierbei ist hervorzuheben, dass mehr als die Hälfte (52,20%) über 250 € für Geocaching je Jahr ausgeben. Die Mehrheit (30,22%) gibt sogar mehr als 500 € aus.

---

[228] Vgl. Hoyhannisyan, N./ Keller, W. (2010). International business travel and innovation: Face-to-face is crucial. Internet: http://www.voxeu.org/index.php?q=node/4910 (Stand: 20.08.2010).
[229] Vgl. FUR Forschungsgemeinschaft Urlaub und Reisen e.V. (Hrsg.). (Studie). (2010). a.a.O.
[230] Vgl. Bundesministerium für Wirtschaft und Technologie (Hrsg.). (2010). Forschungsbericht Nr. 591. Grundlagenuntersuchung Freizeit- und Urlaubsmarkt Wandern. Deutscher Wanderverband. Internet: http://www.bmwi.de/BMWi/Redaktion/PDF/Publi-kationen/Studien/grundlagenuntersuchung-freizeit-und-urlaubsmarkt-Wandern,property=pdf,bereich=bmwi,sprache=de,rwb =true. Eigendruck, S. 52.

Tab. 9: Auswertung Umfrage – Ausgaben Geocaching je Jahr

Frage 4: *Wie viel Geld investieren Sie in Geocaching pro Jahr (grob geschätzt incl. GPS-Gerät und Kraftstoff)?*

Antwort	grafischer Anteil	absolut	relativ in %
Bis 100 Euro im Jahr		25	13,74
100 bis 250 Euro im Jahr		41	22,53
250 bis 500 Euro im Jahr		40	21,98
Mehr als 500 Euro im Jahr		55	30,22
Weiß ich nicht		19	10,44
Keine Angaben		2	1,10
Gesamte Antworten		182	100,00

5.9.2 Erkenntnis zum Reiseverhalten

Um Erkenntnisse über das Reiseverhalten der Teilnehmer zu gewinnen, erfolgte eine Befragung hinsichtlich der Einbindung von Geocaching in das allgemeine Freizeitverhalten, die Struktur der Zusammensetzung beim Geocachen und hinsichtlich der Urlaubshäufigkeit.

Wie Tabelle 10 verdeutlicht, binden mehr als die Hälfte (58,24%) der Befragten Geocaching fest in ihre Freizeit ein. D.h. für diese Teilnehmer - und bei Einbindung der Teilnehmer, deren Freizeit sich am Geocaching orientiert (14,29%), ist Geocaching zum Freizeitplanungsinstrument[231] geworden.

Die Untersuchung von Telaar, D. hat mit einem regelmäßigen Betreiben von Geocaching mit 60,93%[232] zu einem ähnlichen Ergebnis geführt. Als Erkenntnis kann hieraus abgeleitet werden, dass sich der Markt für Urlaubsdestinationen zugunsten der Zielgruppe der Geocacher positiv verändern kann, wenn die Rahmenbedingungen für die Trendsportart in der Destination gegeben sind.

Zusammengefasst kann festgestellt werden, dass aktive Geocacher teilweise ihre Freizeit anhand des Hobbys planen. Da dieses Hobby mit Aktivitäten vor Ort verbunden ist, können - dies sei an dieser Stelle vorweggenommen - zusätzliche Tagesgäste und Gelegenheitsbesucher in die Urlaubsregion gezogen werden. Das Potential für Urlauber und Kurzurlauber erhöht damit den Nutzen für eine Urlaubsregion.

---

[231] Vgl. Teßmer, P./Laufer, T./Hansen, D./Hidde, M. (2004). a.a.O., S. 83.
[232] Vgl. Telaar, D. (Studie). (2007). a.a.O., S. 63.

Tab. 10: Auswertung Umfrage – Freizeitverhalten von Geocachern

Frage 5: *Hat Geocaching Auswirkungen auf Ihr Freizeitverhalten?*			
Antwort	grafischer Anteil	absolut	relativ in %
Ja, die Freizeit orientiert sich am Geocaching		26	14,29
Ja, ich binde in meine Freizeit Geocaching ein		106	58,24
Ja, aber nur gelegentlich		30	16,48
Kommt drauf an – eher nicht		11	6,04
Nein, Geocaching erfolgt nur Sporadisch		5	2,75
Nein, Geocaching hat keinerlei Einfluss		2	1,10
Keine Angaben		2	1,10
Gesamte Antworten		182	100,00

Geocacher sind i.d.R. gesellige Menschen und betreiben das Hobby als Teamsport.[233] Bestätigt wird dies, da - wie aus Tabelle 11 ersichtlich - lediglich 5,49% der Teilnehmer Ihrem Hobby immer alleine nachgehen und sich 2,20% mit Ihrem Hund zur Schatzsuche begeben. In der Untersuchung von Telaar, D.[234] betreiben noch 23,16% Ihr Hobby allein, was den Gruppen- und Familientrend sogar verstärkt.

Alle anderen Geocacher sind überwiegend nicht alleine unterwegs (91,76%), wobei sich 18,68% ausschließlich mit der Familie oder Partner und 10,44% mit Freunden auf die Suche begeben. 62,64% sind in unterschiedlicher Zusammensetzungen unterwegs, wobei die Gruppenbildung überwiegt. Hieraus kann ein erhöhtes Besuchervolumen abgeleitet werden, denn Kleingruppen und Paare erhöhen die Gästezahlen einer Urlaubsdestination. Hervorzuheben ist hierbei, dass auch sehr häufig Personen zu einer „Schatzsuche" mitgenommen werden, die bisher noch nie Geocaching betrieben haben,[235] was zu einer weiteren Vervielfältigung des Hobbys und des Besucherstromes führen kann.

---

[233] Vgl. Telaar, D. (Studie). (2007). a.a.O., S. 63.
[234] ebd.
[235] Vgl. Telaar, D. (Studie). (2007). a.a.O., S. 62.

Tab. 11: Auswertung Umfrage – Umfang an Cacheteilnehmern

Frage 6: *Mit wem gehen Sie Cachen?*			
Antwort	grafischer Anteil	absolut	relativ in %
Immer alleine		10	5,49
Nur mit der Familie/ mit dem Partner		34	18,68
Nur mit Freunden		19	10,44
Mal so, mal so (alleine/ Familie/ Freunde)		114	62,64
Nur mit Hund		4	2,20
Keine Angaben		1	0,55
Gesamte Antworten		182	100,00

Auffällig ist - wie aus nachfolgender Tabelle 12 ersichtlich - dass die Umfrageteilnehmer häufig Urlaube, Kurzurlaube oder verlängerte Wochenenden durchführen. Mit zusammen 86,45% der Teilnehmer (bereinigt um die Teilnehmer, die keine Angaben gemacht haben, sogar 90,23%) liegen sie im allgemeinen Tourismustrend oder auch darüber.

Ein unmittelbarer Vergleich mit der unter 4.2.2 beschriebenen Reiseintensität - nach der laut Reiseanalyse 76% der Bundesbürger mindestens einmal pro Jahr in Urlaub gehen - kann hier nicht gezogen werden. In der dortigen Untersuchung werden bekanntlich nur Urlaube ab 5 Tagen Dauer bewertet – bei der vorliegenden Umfrage wurde auch auf eine kürzere Dauer abgestellt. Dies um eben die für den Schwarzwald bekannten Kurzurlaubs- und Wochenendgäste zu erfassen. Bedeutend ist, dass aus dem Ergebnis aus Frage 7 in Tabelle 12 mindestens eine Übernachtung in der Region abgeleitet werden kann, was unter der Bezeichnung „Urlaub" eine Unterscheidung zum Tagesgast zulässt.

Der allgemeine Tourismustrend zur Zweitreise (siehe Kapitel 4.2.2) und zum Kurzurlaub (siehe Kapitel 4.2.3) kann innerhalb der befragten Geocacher ebenfalls bestätigt werden.

Somit vollziehen mehr als die Hälfte der befragten aktiven Geocacher (58,25%, bereinigt sogar 60,92%) drei oder mehr als drei Urlaube (5 Tage mit 4 Übernachtungen) oder Kurzurlaube (2-4 Tage mit 1 bis 3 Übernachtungen) oder verlängerte Wochenenden (mit einer Übernachtung) im Jahr. Auf die Umsätze, die hierdurch generiert werden können, wird später eingegangen.

Tab. 12: Auswertung Umfrage – Urlaubshäufigkeit

Frage 7: *Wie oft gehen Sie in Urlaub (incl. Kurzurlaub – d.h. zwischen 2 und 4 Tage – und verlängertes Wochenende mit mind. einem Werktag)?*

Antwort	grafischer Anteil	absolut	relativ in %
1 Mal im Jahr		13	7,14
2 Mal im Jahr		51	28,02
3 mal im Jahr		61	33,52
Mehr als 3 Mal im Jahr		45	24,73
Nie		4	2,20
Keine Angaben		8	4,40
Gesamte Antworten		182	100,00

Bei der Urlaubsplanung wird unter den Umfrageteilnehmern Geocaching einbezogen, wobei bei 12,64% sogar Geocaching das Entscheidungskriterium der Wahl der Urlaubsdestination ist. Durch die Mehrfachantwortmöglichkeit dieser Untersuchungsfrage - dargestellt in Tabelle 13 - lassen sich 70,88% herausfiltern, die Geocaching aktiv in die Urlaubsplanung einbinden.

Tab. 13: Auswertung Umfrage – Planungseinbindung von Geocaching bei der Urlaubswahl

Frage 9: *Sie planen Ihren Urlaub. Wie wichtig ist Ihr Hobby Geocaching hierbei (mehrere Antworten sind möglich)?*

Antwort	grafischer Anteil	absolut	relativ in %
Überhaupt nicht		9	4,95
Wenn es sich ergibt wird Geocaching einbezogen		129	70,88
Urlaubsauswahl erfolgt gezielt mit Geocaching		44	24,18
Geocaching ist das Entscheidungskriterium		23	12,64
Keine Angaben		1	0,55

Telaar, D. hat den Anteil der Cacher mit 5,45% definiert, die niemals im Urlaub Geocaching betreiben.[236] Die Umfrage konnte 4,95% ermitteln, die Geocaching nicht zur Auswahl des Urlaubsortes einsetzen. Daraus kann jedoch nicht geschlossen werden, dass am ausgewählten Urlaubsort nicht Geocaching betrieben wird. Es ist anzunehmen, dass die Anzahl gegenüber der Erhebung von Telaar weiter gesunken ist. D.h. es ist anzunehmen, dass auch Geocaching am Urlaubsort betrieben wird, wenn die Urlaubsdestination nicht unter Einbindung des Trendsports ausgewählt wurde.

---

[236] Vgl. Telaar, D. (Studie). (2007). a.a.O., S. 63.

5.9.3 Erkenntnis zum Umsatzvolumen einer Urlaubsregion

Die Erkenntnisse zum Umsatzvolumen lassen sich aus Fragen zu den Ausgabegewohnheiten der Teilnehmer und den Anforderungen an die Urlaubsregion in Bezug auf Geocaching ableiten.

Bei der Befragung nach dem Ausgabeverhalten gaben die meisten Teilnehmer (40,66%, bereinigt um die auf diese Frage nicht antwortenden Teilnehmern sogar 45,97%) an, dass Sie für Urlaube und Kurzurlaube im Jahresschnitt zwischen 1.500 Euro und 2.000 Euro oder mehr als 2.000 Euro ausgeben, wobei die absolute Mehrzahl der Teilnehmer über 2.000 Euro im Jahresschnitt je Person ausgibt (22,53% oder bereinigt um die nicht antwortenden Teilnehmer sogar 25,47%).

Tab. 14: Auswertung Umfrage – Ausgabeverhalten

Frage 8: *Wie viel Geld geben Sie für Urlaub incl. Verlängertem Wochenende aus (Jahreswert je Person)?*

Antwort	grafischer Anteil	absolut	relativ in %
Bis 500 Euro		19	10,44
500 bis 1.000 Euro		29	15,93
1.000 bis 1.500 Euro		27	14,84
1.500 bis 2.000 Euro		33	18,13
Mehr als 2.000 Euro		41	22,53
Weiß ich nicht		12	6,59
Keine Angaben		21	11,54
Gesamte Antworten		182	100,00

Damit gibt der Geocacher im Urlaub im Durchschnitt mehr Geld aus als die sonstigen Urlauber. Im Vergleich haben Onlinebucher zu 26,10% zwischen 500 Euro und 1.000 Euro und 30,10% zwischen 1.000 Euro und 1.500 Euro ausgegeben.[237] Über 1.500 Euro haben lediglich 38,00% ausgegeben.[238] Die Gruppe der Geocacher liegt damit in der Gruppe über 1.500 Euro Ausgaben deutlich über den reinen Onlinebuchern.

Die Attraktivität einer Urlaubsdestination steht und fällt mit den Angeboten für die Zielgruppe. Aus diesem Grunde wurden mit der Untersuchung die Intension der reisenden Geocacher und deren Wünsche am gewählten Urlaubsort untersucht.

---

[237] Vgl. Deutscher Reiseverband (Hrsg.). (2010). Fakten und Zahlen zum deutschen Reisemarkt 2009. Eine Übersicht des DRV. Berlin: Eigendruck, S. 19.
[238] Vgl. Traveltainment. (Studie). (2010). Top 10 Analyse 2009. Internet: http://www.traveltainment.de/fileadmin/images/Top%2010%20Analyse%202009.pdf, S.3. (Stand: 01.08.2010).

Mehr als deutlich wurde hierbei, dass 74,18% möglichst erlebnisreiche Geocache in der Urlaubsregion aufsuchen möchten. Dieser Wunsch steht - korreliert durch Mehrfachantworten - deutlich vor dem Wunschziel eine möglichst hohe Anzahl von Geocaches zu finden (42,86%). Dieses Ergebnis unterscheidet sich durch die konkrete Befragung von der Erhebung Telaars. Telaar, D. gelangte zum Ergebnis,[239] dass 47,68% der Befragten durch das Vorhandensein möglichst vieler Geocache positiv beeinflusst werden, während 44,70% angaben, dass die Cacheanzahl keinerlei Einfluss auf die Wahl des Urlaubszieles hätte.

Tab. 15: Auswertung Umfrage – Urlaubswahl mittels Geocaching

Frage 10: Angenommen Geocaching spielt bei der Urlaubswahl eine Rolle. Was wäre Ihnen in diesem Fall am Urlaubsort besonders wichtig (Mehrfachantworten möglich)?			
Antwort	grafischer Anteil	absolut	relativ in %
Touristencache mit GC-Logmöglichkeit		48	26,37
Touristencache auch ohne GC-Logmöglichkeit (ggf. von der Tourismusgemeinde angelegt)		13	7,14
Möglichst viele Cache		78	42,86
Möglichst erlebnisreiche Cache		135	74,18
Unterstützung beim Cachen durch regionale Unterstützung		50	27,47
Wandern und Natur; Geocaching schmückt dies nur aus		34	18,68
Keine Antwort		5	2,75

Orientiert sich eine Urlaubsdestination an der Zielgruppe Geocacher, so wird durch erlebnisreiche Geocache (74,18%) deren Anziehungskraft als Urlaubsdestination deutlich erhöht. Ebenso deutlich zeigt sich jedoch, dass reine „Touristencache" durch die Tourismusgemeinde ohne Logmöglichkeit unter der Spielplattform www.geocaching.com - in Bezug zu aktiven Geocachern - wenig förderlich sind (7,14%). Hiermit könnten nur bisher nicht dem Hobby Geocaching zugewandte Urlauber angesprochen und unterhalten werden. Konkrete Urlaubsbuchungen - durch aktive Geocacher - lassen sich hierdurch jedoch nur in geringem Maße erzeugen.

---

[239] Vgl. Telaar, D. (Studie). (2007). a.a.O., S.65.

Bedeutend ist auch das - aus Tabelle 15 ersichtliche - Ergebnis, dass 18,68% der Geocacher zum Wandern und Naturerlebnis in die Region kommen und ihr Hobby Geocaching damit verbinden. Somit bestätigt sich auch innerhalb der Geocacher der unter 4.2.8 beschriebene neue Trend zum Wandern und das Potential, das sich für eine Region durch den Wandertourismus - in Verbindung mit Geocaching zusätzlich ergibt. Wie Anlage 12 beispielhaft zeigt, machen speziell gestaltete „Wandercaches" eine Region auch für Urlauber, die das Hobby Geocaching bisher nicht ausüben, zusätzlich attraktiv. Besitzen diese speziellen „Touristencache" eine GC-Logmöglichkeit bei der Spielplattform www.geocaching.com, sprechen sie auch aktive Geocacher an.

Um Geocacher als Urlauber zu gewinnen, sind manchmal einfache Dinge geeignet. So wünschen sich 54,40% der Geocacher am Urlaubsort Cache mit Erläuterungen zur Region, wenn sich die Destination als cacherfreundlich präsentiert. D.h. diese Cache unterstützen oder ergänzen den klassischen Reiseführer und führen die Geocacher zu besonderen Sehenswürdigkeiten der Region (siehe beispielhaft Anlagen 10 – 14). Um das volle Potential der Geocacher auszuschöpfen müsste auch hier eine GC-Logmöglichkeit über eine Geocaching-Plattform bestehen

Auch mehr als die Hälfte der aktiven Geocacher (53,3%) wünscht sich am Urlaubsort einen Internetzugang. Dies könnte über die Tourismusverbände angeboten werden oder eine aktive Unterstützung der Beherbergungsbetriebe wird umgesetzt. Voraussetzung ist selbstredend eine zeitgemäße Netzabdeckung in der Urlaubsregion mit der Möglichkeit zum mobilen Internetzugang.

Anlage 19 gibt durch reell getätigte GC-Logeinträge, mit denen der Fund eines Geocaches auf der Spielplattform www.geocaching.com bestätigt wird, einen kleinen Eindruck über das touristische Umsatzpotential. Die Beispiele machen deutlich, wie Hotellerie und Gastronomie von aktiven Geocachern als Urlauber profitieren. Ebenso zeigt sich, dass sich das Vorhandensein von privat versteckten Geocachen auf die Außenwahrnehmung einer Destination positiv auswirkt und insbesondere - der weltweiten Bekanntheit und englischen Sprache wegen - auch ausländische Gäste gezielt in die Region führt. Hier verspricht das unter 4.2.4 beschriebene Ausgabeverhalten ausländische Gäste zu lukrativen Kunden zu machen.

Tab. 16: Auswertung Umfrage – Werbeangebote der Urlaubsdestination

Frage 11: *Angenommen Ihr Urlaubsort wirbt mit Geocaching. Was würden Sie von der Urlaubsregion dann erwarten (Mehrfachantworten möglich)?*

Antwort	grafischer Anteil	absolut	relativ in %
Geocache mit Erläuterungen zur Region		99	54,40
Anlaufstation für Cache incl. Unterstützung		65	35,71
Ausleihstation für GPS, techn. Support		52	28,57
Treffen mit regionalen Cachern		53	29,12
Möglichkeit sich einer Gruppe anzuschließen		49	26,92
Internetzugang		97	53,30
Kann ich nicht beantworten		11	6,04
Keine Antwort		4	2,20

Auch Anlaufstationen für Geocacher im Urlaub für Unterstützungen (35,71%) oder technischen Support (28,57%) stehen bei der Wunschliste oben an. Aber auch Treffen mit regionalen Cachern (29,12%) oder Anschlussmöglichkeiten an Gruppen (26,92%) werden bei Destinationen erwartet, die mit Geocaching werben.

Aus den erhobenen Daten lässt sich das Umsatzpotential durch aktive Bewerbung von Geocaching durch die Urlaubsdestination ableiten - vorausgesetzt, die obigen Ansprüche der Zielgruppe werden auch erfüllt. Ohne deren Zufriedenheit als Kunde würde sich der positive Effekt bald ins Gegenteil ändern.

Aus der Studie von Telaar, D. ist zu entnehmen, dass der durchschnittliche Geocacher über ein Bruttoeinkommen von 2.997,24 Euro[240] verfügt, wobei die Bandbreite zwischen 77 Euro und 12.000 Euro schwankte. Die durch Telaar, D. erfolgte Filterung nach Nationalitäten ist dem Ziel der Studie wenig dienlich, da als potentielle Reisekunden alle Nationalitäten gefragt sind.

Da der durchschnittliche Geocacher der vorliegenden Umfrage im Jahr 1.411,07 Euro für Urlaube incl. verlängertem Wochenende ausgibt (arithmetisches Mittel des Ausgabeverhaltens der Umfrageteilnehmer lt. Frage 8, die geantwortet haben), kann das Umsatzpotential vereinfacht wie folgt dargestellt werden:

---

[240] Vgl. Telaar, D. (Studie). (2007). a.a.O., S.48.

Abb. 22: Formel für abgeleitetes Umsatzvolumen durch Geocacher

Formel für Umsatzpotential durch Geocaching
Up = [n x (1 + F)] x VC
Up = Umsatzpotential
n = Anzahl der Geocacher
F = durchschnittliche Anzahl Freunde, die mit Cachen gehen
VC = durchschnittlicher Umsatz von Geocachern im Urlaub lt. Erhebung
x = Multiplikationszeichen

Der Faktor n sollte hierbei nicht auf die weltweite Anzahl von Geocachern ausgeweitet werden, sondern aus Vereinfachungsgründen auf den europäischen Raum. Weltweit sind derzeit mehr als 4 Mio. Geocacher aktiv.[241] Eine aussagefähige Anzahl der Geocacher in Europa lässt sich nicht ableiten. Bezogen auf die potentiell als Urlauber im Schwarzwald in Frage kommenden Geocacher werden diese mit 570.000 geschätzt. Abgeleitet wird diese Größe - wie in Abbildung 22 dargestellt - aus Statistikdaten[242] und Diskussionsforen der Geocacher – Community. Hierbei wird vereinfachend das Verhältnis der Geocache in Deutschland zur Anzahl der weltweiten Geocache als Basis herangezogen und um den Prozentanteil der Übernachtungen von ausländischen Gästen erhöht. Wie in Abbildung 23 dargestellt, wird auf diese - stark vereinfachende Weise - das Potential an deutschen und ausländischen Geocachern als Gästepotential im Schwarzwald ermittelt.

Abb. 23: Herleitung der potentiellen Cacheranzahl für die Urlaubsdestination Schwarzwald

Bezeichnung	Wert und Ableitung	Wertgenauigkeit
Anzahl Geocache weltweit[243]	1,40 Mio	Mittelwert
Anzahl Geocache Deutschland[244]	148.242	exakter Wert am 04.08.2010
Ausländeranteil Übernachtungen im Schwarzwald[245]	19,45%	exakter Wert im Jahre 2009
Anzahl Geocacher weltweit[246]	4,50 Mio	Mittelwert
Anzahl Geocacher Deutschland	4,50 Mio x 148.242/1.40Mio = 476.492	Berechnung
Erhöhung um Ausländeranteil nach Übernachtungsstatistik im Schwarzwald	+ 19,45% v. 476.492	Berechnung
Abgeleitete Geocacherzahl, die als Schwarzwaldtouristen in Frage kommt	569.170 gerundet: **570.000**	exakter Wert gerundeter Wert

---

[241] Vgl. Groundspeak (Hrsg.) (2010a). a.a.O.
[242] Vgl. Schwarzwald Tourismus GmbH (Hrsg.). (2010b). a.a.O., S. 42.
[243] Vgl. Groundspeak (Hrsg.). (2010a). a.a.O.
[244] Vgl. Groundspeak (Hrsg.) (2010b). Geocaching. Suchabfrage. Deutschland. Internet: http://www.geocaching.com/seek/nearest. aspx?country_id=79 (Stand: 05.12.2010).
[245] Vgl. Schwarzwald Tourismus GmbH (Hrsg.). (2010b). a.a.O., S. 43.
[246] Vgl. Groundspeak (Hrsg.) (2010a). a.a.O.

Die durchschnittliche Anzahl an Freunden wird aus einem Mittel des Ergebnisses von Frage 6 abgeleitet. Hiernach gehen lediglich 5,49% immer alleine und 2,20% nur mit dem Hund zum Geocachen. Bereinigt um den Teilnehmer, der bei dieser Frage nicht geantwortet hat, gehen somit 92,26% nicht alleine. Eine ableitbare Durchschnittsgröße der Begleitpersonen ist aus der Umfrage nicht ableitbar. Eine Bezugsgröße zur durchschnittlichen Begleitpersonenanzahl ist auch aus den Erhebungen von Telaar, D. und Henneberger, P. nicht ableitbar. Es wird somit als Ersatzgröße die Durchschnittszahl der Reiseteilnehmer bei Onlinebuchungen verwendet. Diese Ersatzkennziffer, welche zuerst zu berechnen ist, wird gewählt, da Onlinebuchungen am ehesten der internetbasierten Informationsbeschaffung über Geocache entspricht und der durchschnittliche Onlinebucher[247] hinsichtlich seines Alters reliabel zum durchschnittlichen Geocacher[248] ist.

F ermittelt sich – wie in Abbildung 24 dargestellt - somit wie folgt:

Abb. 24: Darstellung Personenstruktur bei Onlinebuchungen

Anzahl Reiseteilnehmer	Anteil in (%)	Faktor / Mittelwert
2 Personen	62,20	124,40
3 Personen	16,50	49,50
4 Personen	13,30	53,20
1 Person	5,10	5,10
5 Personen	2,30	11,50
6 Personen	0,50	3,00
	100,00	**2,47**

Quelle: Traveltainment.

Da die durchschnittliche Personenanzahl - wie in Abbildung 24 dargestellt - 2,47 beträgt, beläuft sich F auf 1,47.

Abb. 25: Berechnung Umsatzvolumen durch Geocacher in Urlaubsdestinationen

Umsatzpotential durch Geocaching
$Up = [n \times (1 + F)] \times VC$
$Up = [570.000 \times (1 + 1,47)] \times 1.411,07$
$Up = 1.986.645.453$

Somit beläuft sich – wie Abbildung 25 verdeutlicht - das potentielle Umsatzvolumen von Geocachern in Urlaubsdestinationen auf gerundet 1,99 Mrd. Euro. Dieses Potential erhöht sich um die potentiellen Neucacher, die auf den Trendsport stoßen werden oder die durch aktive Kommunikation am Urlaubsort an den Geocachingangeboten teilnehmen. Im Gegen-

---

[247] Vgl. Traveltainment. (Studie). (2010). a.a.O., S.1.
[248] Vgl. Telaar, D. (Studie). (2007), S. 46.

zug mindert sich dieses Potential um die Geocacher, die eine Urlaubsdestination auch ohne das Hobby Geocaching ausgewählt hätten.

Wie bei der Analyse der Frage 9 unter 5.9.2 ausgeführt, nimmt Geocaching bei der Urlaubswahl einen beachtlichen Anteil von 70,88% ein, während bei 12,64% Geocaching sogar ein ausschließliches Auswahlkriterium darstellt. Das ermittelte Umsatzpotential lässt sich somit – in Abbildung 26 dargestellt - wie folgt kategorisieren:

Abb. 26: Kategorisierung des Umsatzpotentials durch Geocaching

Kurzfristiges Umsatzpotential	mittelfristiges Umsatzpotential	absolutes Umsatzpotential
Up x 12,64%	Up x 70,88%	Up
251.111.985€	1.408.134.297€	1.986.645.453€

5.10 Schlussfolgerungen aus der Datenerhebung

Die Datenerhebung hat gezeigt, dass Geocaching einen positiven Einfluss auf die Belegungs- bzw. Übernachtungszahlen einer Urlaubsregion hat. Ebenso ist die Steigerung des Besucherpotentials und damit die Erhöhung der Gästeankünfte möglich.

Die Trendsportart erfreut sich weiterhin zunehmender Beliebtheit, so dass sich eine klassische Urlaubsdestination nicht dem Trend verwehren kann und weniger bekannte Ziele hierdurch Marktpotentiale erschließen können.

Tab. 17: Auswertung Umfrage – Aktivunterstützung Geocaching durch die Destination

Frage 12: Wie würden Sie gerne von Urlaubsregionen erfahren, die Geocaching aktiv unterstützen (Mehrfachantworten möglich)?			
Antwort	grafischer Anteil	absolut	relativ in %
Gar nicht – soll ein Geheimtipp bleiben		38	20,88
Rundmails bei Neuigkeiten		87	47,80
Teilnahme an GC-Foren		55	30,22
Werbung in Papierform		27	14,84
Anlaufstationen in Tourismusbüros		45	24,73
Keine Antwort		17	9,34

Um die Zielgruppe bewerben zu können und bisherige Gäste weiterhin für die Urlaubsdestination zu begeistern, sind verschiedene Medien einsetzbar. Die Untersuchung ergab hierbei, dass rund die Hälfte der Befragten über Neuigkeiten per Rundmail informiert werden möchten (47,80% absolut und 52,73% bereinigt um die Teilnehmer, die keine Auskunft gegeben haben). Die Werbung per Papierform hat bei dieser Zielgruppe ausgedient und belegt mit 14,84% bzw. bereinigt 16,36% deutlich den letzten Platz. Verbunden mit den Kosten einer Papierwerbung scheidet dieses Werbemedium zielgruppenorientiert aus. Dahingehend können über Teilnahmen an Geocacherforen (30,22% - bereinigt 33,33%) oder Anlaufstationen in der Urlaubsregion (24,73% - bereinigt 27,27%) Urlauber konsequent beworben und für die Destination gewonnen werden.

Zu bedenken ist jedoch, dass die Umfrage unter aktiven Geocachern erfolgte. D.h. es bieten sich - dem Geocachingtrend entsprechend - auch bisherige Nichtcacher als potentielle Kunden und Besucher der Urlaubsregion an. Diese können am Urlaubssort dem für sie noch neuen Trend nachgehen. Die Destination gewinnt hierdurch zusätzliches Kundenpotential. Ansprechmedien und Werbeplattformen sind hier - neben den regelmäßig zu besuchenden Tourismusmessen – insbesondere in den Quellgebieten für Baden-Württemberg Urlauber und Wanderer wie unter 4.2.1 bzw. 4.2.3 beschreiben - die regionalen Anlaufstationen im Urlaubsgebiet. Hier können Nichtcacher über den neuen Trend informiert und sachgerecht in die Spielweise eingewiesen und über Besonderheiten, wie den Naturschutz informiert werden und zugleich aktive Geocacher, wie über die Umfrage deutlich herausgearbeitet wurde, durch verschiedene Serviceangebote betreut und an die Region gebunden werden.

Durch die Aufgeschlossenheit der Geocacher gegenüber neuen Medien wie Internet,[249] Facebook, Twitter und natürlich Emails lassen sich diese Medien gezielt für Geocacher als Werbeträger nutzen. Dass diese Medien im Trend liegen wurde auch durch die Studie RA Reiseanalyse 2010[250] bestätigt, nach der bereits 13% der Urlauber soziale Netzwerke zur passiven Informationsgewinnung und 5% zur aktiven Informationsgewinnung nutzen.

Besonders hervorzuheben ist auch das - aus Tabelle 17 ersichtliche - klare Votum aktiver Geocacher. 20,88% (bei Mehrfachantworten) der Befragten befürworten die touristische Umsetzung und Vermarktung und somit weitere Verbreitung „ihres" bisher als „Geheimtipp" gehandelten Hobbies demnach nicht. Vermutlich werden zunehmend negative Auswirkungen einer „Massenbewegung" befürchtet. Zutreffend ist, dass die Einstiegsbarrieren zu dem bisher auf einen gewissen Personenkreis begrenzten - und daher exklusiven Hobbies durch eine touristische Förderung zusätzlich herunter gesetzt werden. Im Umkehrschluss bedeutet das Ergebnis aber auch, dass die weit überwiegende Mehrheit der aktiven Geocacher (79,12%) einer Öffnung positiv gegenüber steht und den Zusatznutzen durch professionell touristisch gestaltete Geocaches erkennt. Im Übrigen wird dieses Ergebnis auch durch die in Kapitel 5.8.2 beschriebene hohe Rücklaufquote des Online-Fragebogens bestätigt.

---

[249] Siehe auch Kapitel 4.2.5 in dieser Studie - Reiseorganisation und Buchungsverhalten – Medium Internet.
[250] Vgl. FUR Forschungsgemeinschaft Urlaub und Reisen e.V. (Studie). (2010). a.a.O., S. 7.

6 Einsatzmöglichkeiten von Geocaching im Tourismus

Nach dem der Trend im Tourismus in Kapitel 4 und die empirische Erhebung in Kapitel 5 aufgezeigt haben, dass der Geocaching-Trend gewaltiges touristisches Potential beinhaltet, soll dieses Kapitel in kurzer Form beispielhaft die Einsatzmöglichkeiten von Geocaching im Tourismus aufzeigen.

6.1 Die Umsetzung durch gezielten Tourismus

Wie bereits erläutert, können sich Geocaching-Fans in nahezu jedem Ort auf die Suche begeben. Ein Geocache kann je nach Lage und Attraktivität viele Besucher anziehen und eine touristische Nutzung liegt nahe.[251]

Die Angebote der touristischen Destinationen im Bereich GPS-Wanderungen,[252] geführte Schnitzeljagden, Ausleihmöglichkeiten von GPS-Geräten und downloadbaren Musterwanderungen in Premiumwandergebieten dokumentieren, dass die Tourismusdestinationen sich aktiv mit dem Freizeittrend beschäftigen und diesen teilweise bereits umsetzen (Siehe beispielhaft Anlagen 7 bis 16).

Dass Geocaching touristisch genutzt werden kann und auch wird, belegt auch die aktuelle Studienarbeit von Riedel/Laabs, welche sich mit der Umsetzung von „Location Based eBusiness" beschäftigt.[253]

Im Rahmen ihrer Studienarbeit haben Riedel, M. und Laabs, U. auch untersucht, wie sich Touristen für gezieltes Marketing durch Geocaching eignen. Hierbei tritt vor allem eine Region oder eine lokal begrenzte Destination werbend durch den Einsatz von Geocaching hervor.[254] Durch spezielle Events wird auf die Region gezielt hingewiesen. Dies kann beispielsweise durch Geocachingevents erfolgen, wie dies die Stadt Bad Herrenalb im Schwarzwald mit der Veranstaltung „Geokur" hervorragend umgesetzt hatte.[255] In Anlage 17 und 18 wird diese Umsetzung kurz dargestellt.

Riedel, M. und Laabs, U. erwähnen in ihrer Studienarbeit die so genannte Geocaching-Stadtmeisterschaft. Leider wird in der Studie unzutreffend ausgeführt, dass diese von der

---

[251] Vgl. Tourismuszukunft - Institut für eTourismus. (Hrsg.). (2010). Geocaching – Grundlagen und touristische Aspekte von Geocaches. Internet: http://www.tourismuszukunft.de/2008/09/geocaching-grundlagen-und-touristische-aspekte-von-geocaches. (Stand: 18.08.2010).
[252] ebd.
[253] Vgl. Riedel, M./ Laabs, U. (2010). Geocaching als Marketinginstrument für Location Based eBusiness, Studienarbeit an der Hochschule für Ökonomie & Management, Düsseldorf. Internet: http://winfwiki.wifom.de/index.php/Geocaching_als_Marketinginstrument_f%C3%BCr_Location_Based_eBusiness (Stand: 03.12.2010).
[254] Vgl. Riedel, M./ Laabs, U. (2010). a.a.O., S. 15.
[255] Vgl. Weißbach, O. (Hrsg.). (2010). Geokur. Internet: http://www.geokur.de (Stand: 04.12.2010).

Stadt Wiesbaden im Jahre 2010 veranstaltet worden sei.[256] Zutreffend wird die Meisterschaft jedoch jährlich von Privatpersonen organisiert und veranstaltet, welche im Vorjahr die Meisterschaft gewonnen haben. Der lokale Vermarktungseffekt ist dennoch gegeben und wirkt für die touristische Umsetzung positiv. Das Team Schwarzwald hatte dies durch eigene Werbemaßnahmen bei der von Riedel, M. und Laabs, U. als Beispiel erarbeitenden Geocaching-Stadtmeisterschaft 2010 selbst umgesetzt.[257]

6.2 Die touristischen Potentiale mit Geocaching

Die touristischen Potentiale sind vielfältig. Die nachstehenden Ausführungen sollen einen kleinen Überblick geben, mit welchen Maßnahmen eine gezielte Tourismusförderung durch Geocaching erreicht werden kann.

6.2.1 Ausnutzung des geänderten Ausgabeverhaltens der Urlauber

Eine Destination kann mit Geocaching auf das in Kapitel 4.2.4 veränderte Ausgabeverhalten der Gäste reagieren. Für Gäste mit kleinem Urlaubsbudget, die oftmals kein eigenes GPS-Gerät haben, können die Geräte zu moderaten Leihkonditionen angeboten werden. Gästen mit höherem Einkommen, die meist selbst ein GPS-Gerät oder Smartphone mit Zusatzfunktionen - den so genannten Applikationen (Apps) besitzen - kann der Download eines Tourenguides mit Wander- und Radwegenetz (inklusive Geocachingkoordinaten) zur Verfügung gestellt werden.[258]

Somit findet jeder Gast - unabhängig vom persönlichen Einkommen - ein attraktives Angebot vor, das er sich nach den eigenen Wünschen zusammenstellen kann.

Zudem kann die internationale Freizeitbeschäftigung des Geocaching für eine Ferienregion einen „Besuchermagneten" darstellen und insbesondere auf dem Hintergrund, dass ausländische Gäste in ihrem Urlaub ausgabefreudiger sind als deutsche Urlauber, zusätzliche touristische Umsätze generieren.

---

[256] Vgl. Riedel, M./ Laabs, U. (2010). a.a.O., S. 16.
[257] Vgl. Groundspeak (Hrsg.). (2010c). Geocaching Stadtmeisterschaft 2010. Internet: http://www.geocaching.com/seek/cache_details.aspx?guid=43589e43-5ba8-45db-baad-488546bd340a (Stand: 05.12.2010).
[258] Siehe auch Kapitel 3; Anlage 8 - Stichwort Wander-App.; Anlage 16 dieser Studie.

6.2.2 Einbeziehung des veränderten Nachfrageverhaltens der Gäste

Die - wie in Kapitel 4.2.9 beschriebene - heutige mediale Transparenz kann von Destinationen genützt werden, um sich gegenüber anderen Regionen in der Kundenbeurteilung und im Kundennutzen positiv herauszuheben. Hier bietet sich Geocaching als zusätzliche Serviceleistung und attraktives Freizeitangebot, beispielsweise zu Wandern, Radfahren, Wellness oder Kulinarik an. Geocaching kann aufgrund der Trendwirkung ein so genannter „Eyecatcher" sein, der Aufmerksamkeit erregt und Gäste über Suchmaschinen und Internetportale in die Region führt.

Der unter 4.2.9 beschriebene Trend zu mehr Komfort und Bequemlichkeit - bei der Nachfrage nach Dienstleistungen - lässt sich durch professionelle Geocaching - Angebote ebenfalls gut bedienen. Dadurch, dass auf die Region und verschiedene Altersklassen abgestimmte Geocaches mit unterschiedlichem Zeitbedarf und zusätzlicher „Erfolgsgarantie" gewissermaßen als „Reiseführer" angeboten werden, braucht sich der „convenience" orientierte Gast im Vorfeld wenig zu bemühen. Ihm wird die zeitaufwändige Arbeit der Planung der Freizeitaktivitäten und gleichzeitig die schwierige Aufgabe der Auswahl geeigneter Angebote - also die Entscheidung - abgenommen.

Dieses - in Anlehnung an die namhafte Windelmarke - so genannte „pampern"[259] ist nicht negativ im Sinne von „verhätscheln" und „in Watte packen" zu verstehen. Es fügt sich als Marketingstrategie, bei der der Gast intensiv betreut und unter anderem mit lukrativen Sonderkonditionen verwöhnt wird, nahtlos in den Trend des 21sten Jahrhunderts ein. Hierbei ist das "Well-Being" - als Zustand ganzheitlichen Wohlbefindens - Voraussetzung dafür, dass sich Gäste in einer Destination rundum wohlfühlen, dies über persönliche Kontakte, Bewertungsportale oder Social Networks kommunizieren und selbst gerne wieder in die Region kommen.

6.2.3 Die Integration sozialer Aspekte

Unter Kapitel 4.2.6 wurde die soziale Komponente als Urlaubsmotivation erarbeitet. Und in Kapitel 4.2.9 die im Individualisierungszeitalter neu entdeckte Sinnorientierung hin zum sozialen Wohlbefinden im Familien- und Freundeskreis. Da bei der empirischen Erhebung 62,64% der Befragten angaben, am Liebsten zusammen mit der Familie oder Freunden „auf Schatzsuche" zu gehen, wird dieser Aspekt durch Geocaching bestens abgedeckt.

---

[259] Vgl. Bibliografisches Institut (Hrsg.). (2010). Duden - Wörterbuch der New Economy. Internet: http://www.duden.de/definition/pampern (Stand: 12.08.2010).

D.h. der als Urlaubsmotivation dienende soziale und kommunikative Charakter des Freizeittrends Geocaching lässt sich unter dem Gesichtspunkt der „Emotionalisierung von Produkten bzw. Marken"[260] sehr gut für touristische Angebote nutzen.

Positiver Nebeneffekt dieser Erkenntnis ist, dass zielgeführte aktive Geocacher mit großer Wahrscheinlichkeit nicht alleine anreisen, sondern Freunde und / oder Familie mitbringen. Dies beschert der Urlaubsdestination zusätzlichen Umsatz (beispielsweise durch Gastronomiebesuche oder die Nutzung öffentlicher Verkehrsmittel) und kann gezielt gefördert und beworben werden.

6.2.4 Touristische Lenkung durch reale Preise und Give aways

Wie in Kapitel 3.5.4 ausgeführt, kann Geocaching mit realen Preisen als spezielle Form der zielgerichteten Lenkung sehr gut als Tourismusfaktor einer Destination genutzt werden.

Eine Tourismusdestination kann verschiedene Cache auslegen und beim Aufsuchen durch Gäste über ein Punktsystem mit Preisen, Urkunden oder Medaillen bewerten. Auf diese Weise bleiben die Gäste innerhalb des Zielgebiets gebunden und verbringen eine anzunehmend längere Zeit im Urlaubsgebiet.

Auch spezielle Geocoins oder derzeit neu über die Geocachingplattform eingesetzte Souvenirs,[261] welche einen touristischen Bezug zur Destination haben, können den Besucherstrom lenken, gezielt für die Destination werben und Aufmerksamkeit für eine Region erzeugen.

6.2.5 Touristischer Nutzen durch Sonderaufgaben und zeitliche Lenkung

Touristisch lassen sich Sonderformen, welche derzeit täglich neue Unterarten und Spielweisen erfahren, sehr gut nutzen. So wurde in Kapitel 3.5.5 kurz auf die Unterart „GPS-Mission" hingewiesen. Diese kann durch eine Destination genutzt werden, in dem eine Mission im Internet ausgerufen wird.

Die Lösung und die weitere Verfolgung der Aufgabe ist nur zielgerichtet in der Region selbst möglich. Auf diese Weise werden Besucher in die Zielregion geführt. Durch wechselnde oder spezielle Aufgaben zu bestimmten Zeiten kann der Besucherstrom sogar zielgerichtet gelenkt werden.

---

[260] Vgl. Esch, F-R. (2003). Strategie und Technik der Markenführung. 1. Aufl. München: Verlag Vahlen, S. 128.
[261] Vgl. Groundspeak (Hrsg.). (2010d). About souvenirs. Internet: http://www.geocaching.com/about/souvenirs.aspx (Stand: 14.12.2010).

Auch Geoteaming,[262] was als Gruppen- und Teambildungprozess zu verstehen ist oder Applikationen von Navigationsspielen wie „Where's George,"[263] „Waymarking"[264] oder „Wherigo"[265] können durch Sonderaufgaben gezielt in eine Destination lenken oder deren Aufmerksamkeit bündeln.

6.3 Praxisbeispiele für bereits umgesetzte Tourismusstrategien mit Geocaching

6.3.1 Umsetzungen durch Tourismusgemeinden allgemein

Zahlreiche Tourismusgemeinden bieten bereits Geocaching an. Hierbei ist darauf hinzuweisen, dass sowohl unterstützte Geocache im Zielgebiet als auch destinationseigene Cache, die nicht unter der allgemeinen Spielplattform www.geocaching.com angeboten werden, um die Gunst des Gastes kämpfen.

Die nachstehenden Ausführungen begrenzen sich - dem Ziel der Studie entsprechend - auf den Schwarzwald.

6.3.2 Beispielhafte Umsetzungen durch Tourismusgemeinden im Schwarzwald

An dieser Stelle seinen nur beispielhaft einige Destinationen im Schwarzwald aufgeführt, da eine allumfassende Auflistung den Rahmen dieser Studie sprengen würde.

Zahlreiche Tourismusgemeinden bieten in Kombination mit dem im Trend liegenden Wandern einen GPS-Geräte Verleih und spezielle Downloads digitaler Wanderkarten an. In den Anlagen 8 und 15 wird beispielsweise Wandern im Schwarzwald mit Geocaching virtuell verknüpft und die Anlage 16 ermöglicht dem Suchenden digitale Wanderkarten mit und ohne Bezug zum Geocaching zu laden.

Darüber hinaus haben einige Gemeinden und Regionen die Wirkung von Geocaching erkannt und haben speziell für Gäste eigene Geocache ausgelegt, in denen sich Informationen zum Tourismusgebiet befinden. Aber auch die ganzheitliche Vermarktung des Schwarzwalds mit Einbezug von Geocaching ist bereits Wirklichkeit. Die Anlagen 9 bis 14 geben einen ersten Überblick hierüber.

---

[262] Vgl. Groundspeak (Hrsg.). (2010e). Geoteaming. Internet: http://www.geocaching.com/geoteaming (Stand: 14.12.2010).
[263] Vgl. Eskin, H. (Hrsg.). (1998). Where's George? Onlinegame. Internet: http://www.wheresgeorge.com (Stand: 01.12.2010).
[264] Vgl. Groundspeak (Hrsg.). (2010f). Waymarking. Internet: http://www.waymarking.com/games.aspx (Stand: 15.12.2010).
[265] Vgl. Groundspeak (Hrsg.). (2010g). Wherigo. Internet: http://www.wherigo.com (Stand: 14.12.2010).

Tabelle 18 zeigt - ohne Anspruch auf Vollständigkeit und in bewusst kurzer Form rein beispielhaft - verschiedene Vermarktungen, bei denen Geocaching zur touristischen Förderung der Destination Schwarzwald im Jahr 2010 beigezogen wurde.

Auffällig ist, dass im Segment Betriebsausflüge und Gruppen nur Tourismusorganisationen und Privatanbieter am Markt sind. Einzelne Gemeinden haben diese Zielgruppe offensichtlich noch nicht erkannt. Auch haben sich einzelne Gemeinden als „Zugpferde" etabliert, während andere Gemeinden im Schwarzwald bisher keinerlei Aktivitäten im Bereich Geocaching und GPS-Wandern erkennen lassen.

Tab. 18: Beispieldarstellung bereits umgesetzter GC-Vermarktungen[266]

Beispiele von bereits umgesetzten Möglichkeiten touristischer Destinationen	
Möglichkeit	Beispiele mit Fundstellen im Schwarzwald
Geführte GPS-Wanderungen und von der Tourismusregeion ausgelegte Geocache - ohne direktem Bezug zu Geocaching	Gemeinde Seewald – touristische GPS-Wanderungen, Touristinformation Schonach, Wanderinformationszentrum Baiersbronn,[267] und andere. Zentralvermarktung auch über Schwarzwald Tourismus GmbH.[268]
Von der Tourismusregion ausgelegte Geocache u.a. als GPS-Wanderungen - mit teilweisem Bezug zu Geocaching	Informationspool über die Schwarzwald Tourismus GmbH.[269]
GPS-Stadtführungen ohne Bezug direkten Bezug zu Geocaching	Stadt Freudenstadt, „Rund um Deutschlands größten Marktplatz",[270]
Geocachingtouren unter Anleitung	Gemeinde Baiersbronn, Projekt Wanderhimmel, Geocachingtouren.[271]
Organisation von Betriebsausflügen oder Feierlichkeiten mit Geocaching-Rahmen-Programm	Schwarzwald Tourismus GmbH, Hochschwarzwald Tourismus GmbH und private Veranstalter.
Aktive Unterstützung von Geocaching-Veranstaltungen	Bad Herrenalb. Veranstaltung Geokur im Juli 2010.[272]
Ausleihmöglichkeiten von GPS-Geräten	Freudenstadt Tourismus, Wanderinformationszentrum Baiersbronn, Todtnauer Ferienland Tourismusgemeinde Seebach, Tourismusgemeine Freiburg, Touristinformation Schonach und andere.
Wherigo Touren	Todtnauer Ferienland
Gezieltes Tourismusmarketing bezüglich Geocaching	Gemeinde Baiersbronn mit Hinweis auf Geocaching im Tourismusprospekt, Schwarzwald Tourismus GmbH

---

[266] Eigene Zusammenstellung. Auf die exakte Fundstellenangabe wurde in dieser Tabelle ausnahmsweise verzichtet.
[267] Vgl. Anlage 16 dieser Studie.
[268] Vgl. Anlagen 9 bis 13 dieser Studie.
[269] ebd.
[270] Vgl. Anlage 14 dieser Studie.
[271] Vgl. Anlage 7 dieser Studie als Beispielnachweis.
[272] Vgl. Anlage 17 und 18 dieser Studie.

7 Zusammenfassung und Ausblick

7.1 Erkenntnisse aus dem Reiseverhalten

Ein Blick auf das aktuelle Reiseverhalten deutscher Urlauber - und teilweise auf das ausländischer Gäste bei ihrem Urlaub in Deutschland - hat gezeigt, dass sich das „Verreisen" und auch das Freizeitverhalten im Laufe der Zeit verändert hat. Die Reiselust und der allgemeine Stellenwert des Urlaubs sind jedoch ungebrochen.

Aus den „schönsten Wochen" sind mittlerweile die „schönsten Tage des Jahres" geworden. Deutsche Bundesbürger gehen kürzer, dafür öfter in Urlaub und dies gerne im eigenen Land. Baden-Württemberg zählt hierbei zu den Top-Five der beliebtesten Reiseziele und hat sich zusammen mit der Region Schwarzwald zu einer Kurzurlaubs- und Tagesausflugsdestination entwickelt.

Hinsichtlich des Ausgabeverhaltens zeigt sich, dass am Urlaub selbst nicht gespart, jedoch das Geld bewusster ausgegeben wird. Ausländische Gäste sind bei ihrem Urlaub in Deutschland im Allgemeinen ausgabefreudiger als deutsche Urlauber im eigenen Land.

Die Auswertung aktueller Reisemotive hat ergeben, dass sich Gäste im Urlaub nach wie vor am Liebsten entspannen und erholen möchten sowie Spaß haben und sich Vergnügen wollen. Darüber hinaus möchten heutige Urlauber bewusst „etwas für die Gesundheit und den Körper tun" und im Urlaub auch aktiv sein. Dies bestätigt auch der neue Trend zum Wandern.

Zudem ist es Urlaubern wichtig, im Urlaub mit der Familie und Freunden zusammen zu sein und gemeinsam mit ihnen etwas zu unternehmen.

Mit der Feststellung, dass Natur heute „chic und trendy" ist und immer mehr Publikum, wie zum Beispiel auch Geocacher, anzieht, steigt die Verantwortung des einzelnen Gastes sowie der Tourismusregionen ausgewiesene Naturräume aktiv und gleichzeitig naturverträglich zu nutzen.

Abschließend hat die Auswertung zum deutschen Reisemarkt ergeben, dass zunehmende Reiseerfahrung und mediale Transparenz den heutigen Gast zu einem informierten und anspruchsvollen Kunden machen. Der moderne Urlauber erwartet über die Befriedigung der Grundbedürfnisse hinaus einen Mehrwert. Künftige Reiseprodukte sind dann erfolgreich, wenn sie den Gast emotional ansprechen, ihn begeistern und ihm ein positives Lebensgefühl vermitteln - wenn sie eine inszenierte Erlebniswelt schaffen, die sich vom Alltag abhebt.[273]

---

[273] Vgl. Schwarzwald Tourismus GmbH (2008). a.a.O., S. 22.

7.2 Erkenntnisse für die Destination Schwarzwald

Für die Destination Schwarzwald treffen die Erkenntnisse aus dem Reiseverhalten, wie sie unter Punkt 7.1 genannt sind, in vollem Umfang zu.

Zudem kann festgestellt werden, dass die Trendsportart Geocaching bestens mit den Profilthemen des Schwarzwalds[274] - Aktivurlaub mit Wandern und Rad- bzw. Mountainbike-Fahren sowie Genießerurlaub mit Kulinarik und Wellness - korrespondiert.

Somit ist Geocaching mit seinem Erlebnischarakter gerade in der Ferienregion Schwarzwald ein ideale Ergänzung zu dem bestehenden Freizeitangebot am Urlaubsort.

Wie die Untersuchung zeigt, decken sich die Interessen vieler aktiver Geocacher, die ihr Hobby damit verbinden, in der Region zu Wandern und die Natur zu erleben, mit denen des „typischen Schwarzwaldurlaubers"[275] - der Ruhe, Natur und Gesundheit sucht.

Geocaching ist zudem dazu geeignet, den Altersdurchschnitt eben jenes bisher „typischen Schwarzwaldurlaubers"[276] - der älter als 50 Jahre ist - zu senken und mit einem attraktiven und zeitgemäßen Angebot junges Publikum, insbesondere auch junge Familien mit Kindern anzusprechen und in die Region zu bringen.

Weiter hat die Erhebung für die Ferienregion Schwarzwald ergeben, dass bereits heute eine positive Wirkung von Geocaching ausgeht. Es existiert eine Vielzahl touristischer Umsetzungen von Geocaching. In den Veranstaltungskalendern und dem kontinuierlichen Angebot einiger Tourismusgemeinden hat sich Geocaching als feste Größe etabliert.

Doch auch kritische Stimmen - vor allem aus dem Bereich des Natur- und Landschaftsschutzes - prägen die Entwicklung des Geocaching im Schwarzwald. Der maßvolle Umgang mit der Natur, die das Hauptkapital des Schwarzwalds bildet, erfordert ein kommunikatives Miteinander der Tourismusstellen, der Forstbehörden, der Naturschutzorganisationen sowie der Gäste selbst. Für Geocacher gilt dies umso mehr, zumal diese selbst Aktivitäten in der zu erhaltenden Natur nachgehen und dabei die vorhandene touristische Infrastruktur nützen.

Extreme Entwicklungen in beide Richtungen gilt es zu vermeiden. Wie bei allen anderen Outdoor-Aktivitäten, beispielsweise dem Wandern, Mountainbike-Fahren, Klettern und Skifahren ist ein respektvoller Umgang miteinander und ein konstruktiver Sachdialog der regionalen Interessengruppen Grundlage für einen naturverträglichen Tourismus im Schwarzwald.

---

[274] Vgl. Schwarzwald Tourismus Gesellschaft. (Hrsg.) (2010b). a.a.O., S. 4.
[275] Vgl. Schwarzwald Tourismus GmbH. (Hrsg.) (2008). Marketingkonzept der Schwarzwald Tourismus GmbH – überarbeitete Fassung 09/2008, in Anlehnung an Reiseanalyse (RA) 2003. FUR, S. 21ff.
[276] ebd.

7.3 Erkenntnisse aus der Entwicklung des Geocaching

Geocaching wird weiter an Bedeutung gewinnen. Die Entwicklung steht jetzt bereits unmittelbar vor dem Volkssport oder einen Massentrend. Insbesondere Familien werden den Trend weiter vorantreiben, da hierdurch die erforderliche Abwechslung zu Onlinespielen, Social Networks und die Gegenwirkung zu sozialer Abgeschiedenheit umgesetzt wird.

Technische Weiterentwicklungen bilden das weitere Grundgerüst. Hierbei werden sich mobile Internetverbindungen über Smartphones als fester Bestandteil in diese Entwicklung einbinden. Ebenso werden sich verstärkt Wettbewerbe mit Leistungskomponenten entwickeln und neue Unterarten von Geocaching herausbilden.

Der Trend zum Volkssport erfordert Disziplin bei den ausübenden Geocachern und den unterstützenden Gemeinden. Die aktiven Geocacher bewegen sich innerhalb eines Korridors zwischen Naturverbundenheit, Abenteuer und Massentrend. Es gilt das so häufig geforderte Mittelmaß insbesondere bezogen auf die Naturverträglichkeit zu finden.

Als weltweit bekannte und auf englischer Sprache basierende Freizeitbeschäftigung spricht Geocaching ein internationales Publikum an. Geocaching ist für deutsche wie ausländische Gäste mit kleinem und großem „Urlaubsbudget" attraktiv. Es ist für Gäste jeden Alters geeignet und fördert insbesondere den sozialen Aspekt am Urlaubsort gemeinsam etwas mit der Familie und Freunden unternehmen zu wollen.

Der Erlebnischarakter des Geocaching, die Interaktivität, der Einsatz moderner Kommunikationstechnologie, die Nähe zur Natur wie auch zum städtischen Umfeld liegen im Freizeit- und Reisetrend und ergeben für eine Ferienregion vielseitige touristische Einsatzmöglichkeiten. So wohl im Städtetourismus wie im Naturraum lassen sich speziell ausgearbeitete Geocache mit Widererkennungseffekt und Alleinstellungsmerkmalen einer Region gestalten.

Als begleitendes Freizeitangebot - insbesondere im Zusammenhang mit dem Freizeittrend des Wanderns und als aktiver Part im Bereich Wellness - hat Geocaching als zusätzlicher „Besuchermagnet" Potential und wertet eine Region auf.

Geocaching - richtig eingesetzt - fügt sich am Urlaubsort somit als Freizeitbeschäftigung mit geistiger und körperlicher Aktivität, die Spaß macht und jung hält und bei der man sich wohl fühlt, nahtlos in den Gesundheitstrend und das touristische Nachfrageverhalten des 21sten Jahrhunderts ein.

7.4 Erkenntnisse aus der empirischen Erhebung

Die empirische Erhebung hat deutlich gemacht, dass der Trendsport Geocaching die Wahl der Urlaubsdestination beeinflusst. Es wurde ebenso nachgewiesen, dass Urlaubsdestinationen mit positiver Kommunikation zu Geocaching zusätzliche Gäste anziehen und hieraus eine mess- und bewertbare Einflussgröße im Tourismussektor gegeben ist.

Kombiniert mit der Entwicklung des Trendsports Geocaching werden dauerhafte Wettbewerbsvorteile von Gemeinden ausgehen, die Geocaching aktiv unterstützen und fördern. Das ermittelte Umsatzvolumen von rund 1,98 Mrd. Euro - allein unter den aktiven Geocachern - für die Urlaubsregion Schwarzwald spricht eine deutliche Sprache. Wobei sich die Berechnung wohl gemerkt gemäß der empirischen Umfrage auf aktive Geocacher bezieht. Das Potential für Urlaubsgäste die bisher dem Hobby Geocaching nicht zugewandt sind, ist um ein vielfaches höher.

7.5 Prüfung der These

Die These kann bestätigt werden. Gemeinden und Tourismusdestinationen, die positiv mit Geocaching umgehen oder den Trend sogar fördern, werden dauerhaft einen nachhaltigen Anteil am Tourismus behaupten.

Insbesondere für Destinationen, die die Profilthemen des Schwarzwalds[277] (Aktivurlaub mit Wandern und Rad- bzw. Mountainbike-Fahren sowie Genießerurlaub mit Kulinarik und Wellness) bedienen, bietet sich Geocaching an, um angestrebte Gästezahlen zu halten bzw. diese zu steigern.

Die Auswertung des Datenmaterials zum deutschen Reisemarkt führt zu dem Schluss, dass Geocaching die Voraussetzungen an ein erfolgreiches Reiseprodukt der Zukunft erfüllt und Potential hat. Der Trend ist modern, ausbaufähig und kann die ganze Familie oder unterschiedliche Zielgruppen begeistern und destinationsorientiert lenken.

Zusätzliche Gästezahlen können gewonnen werden, in dem gemeindeeigene Geocache in das Tourismuskonzept der Gemeinde aufgenommen werden, oder in dem lokale Geocacher gefördert und unterstützt werden. Insbesondere Großveranstaltungen, welche bereits teilweise positiv umgesetzt wurden, bewirken einen ersten Informationsfluss. Folgebesuche der Kurzzeitgäste können hieraus generiert werden.

---

[277] Vgl. Schwarzwald Tourismus Gesellschaft. (Hrsg.). (2010b). a.a.O., S. 4.

Die Tourismusdestinationen behaupten sich an dem sich wandelnden Reisemarkt und stärken ihre Position durch moderne Entwicklungen. Der Kerngedanke des Geocachings kann zum Wohle der Destinationen und der Geocacher in einem homogenen Miteinander unterstützt werden.

I Literatur- und Studienverzeichnis

I.1 Literaturverzeichnis

Althof, W. (1996). Incoming-Tourismus. 2te. Aufl. München: Oldenbourg Wissenschaftsverlag.

Atteslander, P. (2003). Methoden empirischer Sozialforschung. 10. Auflage. Berlin, New York: de Gruyter Verlag.

Badische Zeitung. (Hrsg.). (2009). Mercedes und die Milchkanne. Tageszeitung Beitrag vom 30.11.2009 zum Buch von Stern, V. Mit der Kraftpost in den Schwarzwald. Internet: http://www.badische-zeitung.de/kultur-sonstige/mercedes-und-milchkanne--22003132.html (Stand: 07.09.2010).

Barth, R. / Werner, C. (2005). Der Wellness-Faktor. Modernes Qualitätsmanagement im Gesundheitstourismus. Wien: Verlag Werner.

Beck, H. u.a. (Hrsg.). (2004). Reallexikon der Germanischen Altertumskunde. Schwarzwald. Band 27. 2te Aufl. Berlin: de Gruyter Verlag.

Becker, M. (2008). „Galileos" ungewisse Zukunft. In: Spiegelonline. Internetpublikation. Internet: http://www.spiegel.de/fotostrecke/fotostrecke-30966.html (Stand: 15.09.2010).

Bennemann, S. (2002). Die Zustellung als Marketingproblem im E-Commerce für Konsumenten. Dissertation. Universität Braunschweig. Braunschweig: Möllenberg Verlag.

Bibliografisches Institut (Hrsg.). (2010). Duden - Wörterbuch der New Economy. Internet: http://www.duden.de/definition/pampern (Stand: 12.08.2010).

Bieger, T. (1994). Tourismusforschung – Marktlücken und weiße Felder aus Sicht der Tourismuspraxis. In: Zeitschrift für Fremdenverkehr 4/1994.

Bieger, T. (2002a). Management von Destinationen. 5te. Aufl. München: Oldenbourg Wissenschaftsverlag.

Bieger, T. (2002b). Tourismuslehre – ein Grundriss. 2te. Aufl. UTB Hauptverlag: Bern, Stuttgart, Wien.

Bortz, J. (1993). Statistik für Human- und Sozialwissenschaftler. 6. Auflage. Berlin, Heidelberg: Springer Verlag.

Braun, O.L. (1993). (Urlaubs-) Reisemotive in: Hahn, H./Kagelmann, H (Hrsg.). Tourismuspsychologie und Tourismussoziologie. Ein Handbuch zur Tourismuswissenschaft. München: Quintessenzverlag.

Converse, J.M./Presser, S. (1986). Survey Questions – Handcrafting the Standardized Questionnaire. London: Sage Verlag.

DB Vertrieb GmbH. (Hrsg.) (o.J.). Schwarzwaldbahn-Historie. Internet: http://www.bahn.de/regional/view/regionen/bawue/spezial2/35_swb_historie.shtml (Stand: 03.05.2010).

Deutscher Tourismusverband (Hrsg.). (2010). Pressemitteilung vom 08.07.2010. Internet: http://www.deutschertourismusverband.de/index.php?news_id=398&pageId=96&startId=0&show_year=2010. (Stand: 10.07.2010).

Diekmann, A. (2005). Empirische Sozialforschung. Grundlagen, Methoden, Anwendungen. Reinbek: Rowolth.

Dillmann, D.A. (1978). Mail and Telephone Surveys. The Total Design Method. New York: Wiley.

DIT. (Hrsg.) (2009). Mit GPS auf Schatzsuche. In: Pirsch. Magazin für Jagd und Natur. 61. Jg. Heft 1. Deutscher Landwirtschaftsverlag.

Deutsche Wanderjugend. (Hrsg.). (2010). Übersichtskarte. Internet: http://www.geocaching.de/index.php?id=10 (Stand: 01.09.2010).

Deutsches Seminar für Tourismus (DSFT). (Hrsg.). (2010). Berlin: Internet: http://www.dsft-berlin.de/forum_wandern/Info-alle-1063-4-18.10.html. (Stand: 19.10.2010).
Esch, F-R. (2003). Strategie und Technik der Markenführung. 1. Aufl. München: Verlag Vahlen.

Eissner, T. (Hrsg.). (2010). Die Reviewer Info - deutschsprachige Reviewer. Deutsche Übersetzung der Original Guidlines von Groundspeak. Internet: http://www.die-reviewer.info/guidelines.htm. (Stand: 02.08.2010).

Eskin, H. (Hrsg.). (1998). Where's George? Onlinegame. Internet: http://www.wheresgeorge.com (Stand: 01.12.2010).

Fischer-Multimedia-Service. (Hrsg.). (2010). Schwarzwald. Internet: http://www.schwarzwald.com/karte/ (Stand: 05.10.2010).

Forbes. (Hrsg.). (2009). Business Meeting. The Case for Face-to-Face: Forbes Insights Study. Internet: http://www.forbes.com/forbesinsights/Business_Meetings_FaceToFace/index.html (Stand: 14.05.2010).

Forstliche Versuchs- und Forschungsanstalt Baden-Württemberg. (Hrsg.). (2010). Zukunftswald. Internet: http://www.zukunftswald.de/page.php?katid=314&PHPSESSID=d55ed99cfddfe093de7d2a91d3d52f42 (Stand: 12.05.2010).

Friedrichs, J. (1990). Methoden empirischer Forschung. Opladen: Westdeutscher Verlag.

Freyer, W. (2001). Tourismus. Einführung in die Fremdenverkehrsökonomie. 7. Auflage. München: Oldenbourg Verlag.

Freyer, W. (2006). Tourismus. Einführung in die Fremdenverkehrsökonomie. 8. Auflage. München: Oldenbourg Verlag.

Freyer, W. (2007). Tourismus-Marketing, 5. Auflage. München: Oldenbourg Verlag.

Freudenstadt Tourismus (Hrsg.). (2010). Freudenstadt. Internet: http://www.ferien-in-freudenstadt.de/urlaub-freizeit/wanderfreuden.html (Stand: 03.05.2010).

Gerlach, F. / Wackernagel, W. (1835). Tacitus Germania. Text Übersetzung Erläuterung. Basel: In der Schweighauserischen Buchhandlung.

Göppert, R./ Spatzier, R. (2010). Welche geografischen Daten hat Bocholt. Internet: http://www.bocholt.de/seiten/bocholt/serviceangebote/stadtplaene.cfm?artikelblockNr=131. (Stand: 15.09.2010).

Groundspeak (Hrsg.). (2010d). About souvenirs. Internet: http://www.geocaching.com/about/ souvenirs.aspx (Stand: 14.12.2010).

Groundspeak (Hrsg.). (2010e). Geoteaming. Internet: http://www.geocaching.com/ geoteaming (Stand: 14.12.2010).

Groundspeak (Hrsg.). (2010f). Waymarking. Internet: http://www.waymarking.com/ games.aspx (Stand: 15.12.2010).

Groundspeak (Hrsg.). (2010g). Wherigo. Internet: http://www.wherigo.com (Stand: 14.12.2010).

Groundspeak (Hrsg.). (2010h). Geocaching guidelines. Internet: http://www.geocaching.com/ about/guidelines.aspx (Original).

Groundspeak. (Hrsg.). (2010i). Cito. Internet: http://www.geocaching.com/cito/default.aspx (Stand: 01.09.2010).

Gründel, M. (2008). Geocaching. Basiswissen für draussen. Outdoorhandbuch. 2te Aufl. Welver: Conrad Stein Verlag.

Hammann, G./Rohwetter, M. (2003). Der gnadenlose Kunde. In: Die Zeit vom 10. Juli 2003, Nr. 29.

Habermann, T./ Burmester., S. (2009). Mammuts neuester Gag: Geocaching mit Gewinnen. Internet: http://www.klettern.de/news/sonstiges/mammuts-neuester-gag-geocaching-mit-gewinnen.319761.5.htm (Stand: 05.12.2010).

Hartmann, K.D. (1962). Zur Ermittlung von Urlaubsmotiven und Urlaubserwartungen. Starnberg. Studienkreis für Tourismus. Eigenverlag.

Hoecker, B. (2007). Aufzeichnungen eines Schnitzeljägers. Mit Geocaching zurück zur Natur. Hamburg: Rowohlt Verlag.

Homburg, Ch./ Rudolf, B. (1995). Wie zufrieden sind Ihre Kunden tatsächlich? In. Harvard Business Manager. Heft 1.

Hoyhannisyan, N./ Keller, W. (2010). International business travel and innovation: Face-to-face is crucial. Internet: http://www.voxeu.org/index.php?q=node/4910 (Stand: 20.08.2010).

Hovhannisyan, N./ Keller, W. (2010b). International Business Travel: An Engine of Innovation? Working Paper. University of Colorado. Internet: http://spot.colorado.edu/~kellerw/IBT.pdf (Stand: 20.07.2010).

Hüttner, M. (1999). Grundzüge der Marktforschung. 7. Auflage. München: Oldenbourg Wissenschaftsverlag.

Kirig, A./ Schick, I. (2008). Neo-Nature. Der große Sehnsuchtsmarkt Natur. 1. Auflage. Kelkheim: Zukunftsverlag.

Kromrey, H. (2002). Empirische Sozialforschung. Modelle und Methoden der standardisierten Datenerhebung und Datenauswertung. 10. Auflage. Opladen: Westdeutscher Verlag.

Landesamt für Umwelt, Messungen und Naturschutz Baden-Württemberg (LUBW). (Hrsg.). (2008). Merkblatt: Offenhaltung der Landschaft, Stand: November 2008. Internet: http://www.lubw.baden-wuerttemberg.de/servlet/is/56362/offenhaltung_der_landschaft.pdf?Command=downloadContent&filename=offenhaltung_der_landschaft.pdf.

Loheide, B. (2010). Wetter: Touri-feindlich. Presseartikel. In: Schwarzwälder Bote, Regionalzeitschrift vom 07.08.2010. Rottweil: Eigenverlag.

Maslow, A.H. (1943). A Theory of Human Motivation. Psychological Review 50. S. 370-396. Reprint in Harriman, P. (Hrsg.) Twentieth Century Psychology. New York: Philisophical Library. Ed. 1946.

Mayer, H.O. (2004). Interview und schriftliche Befragung: Entwicklung, Durchführung und Auswertung. München: Oldenbourg Wissenschaftsverlag.

Meffert, H./ Bruhn, M. (2005). Dienstleistungsmarketing, Grundlagen – Konzepte – Methoden. 5. Aufl. Wiesbaden: Gabler.

Nahrstedt, W. (2005). Freizeitpädagogik, Freizeitwissenschaft, Zukunftsforschung. In: Popp, R. (Hrsg.) Wien: LIT Verlag Festschrift Zukunft: Freizeit: Wissenschaft.

Olivier, T. (2010). Rauchender Koloss überwindet Raum und Zeit. 175 Jahre Eisenbahn in Deutschland. In: Schwarzwälder Bote. Tageszeitung. Wochenendjournal. Ausgabe 04.12.2010.

Opaschowski, H.W. (2006). Deutschland 2020. Wie wir morgen leben - Prognosen der Wissenschaft. 2.erw. Auflage, Wiesbaden: VS Verlag für Sozialwissenschaften in Bezug auf Opaschowski, H.W. in BAT Institut 1987.

Opaschowski, H.W. (2008). Einführung in die Freizeitwissenschaft. Wiesbaden: VS Verlag für Sozialwissenschaften, 5. Auflage. Vorwort zu 1. und 2. Auflage 1988, 1994.

Naisbitt, J. (1982). Megatrends: Ten New Directions Transforming Our Lives, New York: Warner Books.

Nefiodow, L.A. (2006). Der sechste Kondratieff – Wege zur Produktivität und Vollbeschäftigung im Zeitalter der Information. Sankt Augustin: Internet:. http://www.kondratieff.net/ 19.html (Stand: 13.08.2010).

Pavlovic, T. (2010). Die virtuelle Flucht aus dem Großstadtleben. In: Schwarzwälder Bote. Tageszeitung. Ausgabe 20.März 2010.

Pompl, W. (1996). Touristikmanagement 2. Springer Lehrbuch: Heidelberg.

PONS Wörterbuch für Schule und Studium (2007). Latein. Stuttgart: Klett Verlag.

Porst, R.(2000). Praxis der Umfrageforschung. 2. Auflage. Stuttgart: Teubner Verlag.

Raithel, J. (2008). Quantitative Forschung – ein Praxiskurs. 2. Auflage Frankfurt: VS Verlag für Sozialwissenschaften.

Rehse, J. (Hrsg.) (2010). GPS-Mission. Internet: http://gpsmission.com (Stand: 05.12.2010).

Reimer, H. (1943). Sonne. Mond. Polarstern. Als Kameraden des Frontsoldaten. Ein neuer Weg zur Klarheit über den Himmel in allen Breiten der Erde. Berlin: Helm Verlag.

Riedel, M./ Laabs, U. (2010). Geocaching als Marketinginstrument für Location Based eBusiness, Studienarbeit an der Hochschule für Ökonomie & Management, Düsseldorf. Internet: http://winfwiki.wi-fom.de/index.php/Geocaching_als_Marketinginstrument_f%C3%BCr_Location_Based_eBusiness (Stand: 03.12.2010).

Schmalen, H. (1994). Das hybride Kaufverhalten und seine Konsequenzen für den Handel - Theoretische und empirische Betrachtungen. In: ZfB, 64. Jg. Heft 10.

Schober, R. (1993). (Urlaubs-) Erleben, (Urlaubs-) Erlebnis. In: Hahn, H./Kagelmann, H. (Hrsg.). Tourismuspsychologie und Tourismussoziologie. Ein Handbuch zur Tourismuswissenschaft. München: Quintessenzverlag.

Schumann, S. (2000). Repräsentative Umfrage – Praxisorientierte Einführung in empirische Methoden und statistische Analyseverfahren. 3. Auflage. München, Wien: Oldenbourg Wissenschaftsverlag.

Schwarzwald Tourismus Gesellschaft. (Hrsg.). (2006). Begleitbroschüre 100 Jahre Schwarzwald Tourismus – Streifzug durch 100 Jahre Verbands- und Tourismusgeschichte. Freiburg: Eigendruck.

Schwarzwald Tourismus GmbH (Hrsg.). (2008). Marketingkonzept der Schwarzwald Tourismus GmbH – überarbeitete Fassung 09/2008, in Anlehnung an Reiseanalyse (RA) 2003. FUR.

Schwarzwald Tourismus Gesellschaft. (Hrsg.). (2010a). Screenshot. Internet: http://www.schwarzwald-tourismus.info/region. Screenshot (Stand: 05.10.2010).

Schwarzwald Tourismus Gesellschaft. (Hrsg.). (2010c). Naturparke. Internet: http://www.schwarzwald-tourismus.info/reisethemen/natur_erleben/naturparke (Stand: 05.10.2010).

Steinbach, J. (2003). Tourismus. Lehr- und Handbuch zu Tourismus, Verkehr und Freizeit. München: Oldenbourg Wissenschaftsverlag.

Stern, Volkhard (Hrsg.). (o.J.). Kraftpost. Internet: http://www.kraftpost.de (Stand: 05.09.2010).

Südwestrundfunk (SWR) (Hrsg.)./ Liebsch, H. (2010). ARD Sendung vom 26.09.2010. Die neue Lust am Wandern – Richtiges Geocaching. Internet: http://www.daserste.de/ wwiewissen/ beitrag_dyn~uid,dj1u2fi7xdku0adz~cm.asp (Stand: 17.08.2010).

Teßmer, P./Laufer, T./Hansen, D./Hidde, M. (2004). Geocaching der junge Sport für Jedermann. Eislingen. Luazul Verlag.

Tourismusbüro Bad Herrenalb. (Hrsg.). Screenshot Internet: http://www.badherrenalb.de/ index.shtml?geocaching_event (Stand: 27.05.2010).

Tourismuszukunft - Institut für eTourismus. (Hrsg.). (2010). Geocaching – Grundlagen und touristische Aspekte von Geocaches. Internet: http://www.tourismuszukunft.de/2008/09/Geo caching-grundlagen-und-touristische-aspekte-von-geocaches. (Stand: 18.08.2010).

Twain, M. (1990). Bummel durch Europa. Zürich: Diogenes Taschenbuch. (Originalausgabe 1880 "A Tramp Abroad").

World Tourism Organization. (Hrsg.). (1995). UNWTO: Technical Manual No.2.. Collection of Tourism Expenditure Statistics. Internet: http://pub.world-tourism.org/WebRoot/Store /Shops/Infoshop/Products/1034/1034-1.pdf (Stand: 16.08.2010).

Zweites Deutsches Fernsehen (ZDF). (Hrsg.). (2010). Sendung vom 04.04.2010. Internet: http://www.zdf.de/ZDFmediathek/beitrag/video/1011862/Geocaching---Digitale-Schnitzeljagd #/beitrag/video/1011862/Geocaching---Digitale-Schnitzeljagd.

I.2 Studien, Erhebungen und Untersuchungen

ADAC Verlag GmbH (Hrsg.). (2010). Reisemonitor 2010 - Trends und Analysen zum Reiseverhalten der deutschen Urlauber. Internet: www.media.adac.de.pdf (Stand: 11.08.2010).

Bundesministerium für Wirtschaft und Technologie (Hrsg.) (2010). Forschungsbericht Nr. 591. Grundlagenuntersuchung Freizeit- und Urlaubsmarkt Wandern. Deutscher Wanderverband. Internet: http://www.bmwi.de/BMWi/Redaktion/PDF/Publikationen/Studien/grundlagen unter-suchung-freizeit-und-urlaubsmarkt-wandern,property=pdf,be-reich=bmwi,sprache=de, rwb= true.pdf. (Stand: 19.09.2010).

Deutsche Wanderjugend (Hrsg.). (2010). Statistik Geocaching. Internet: http://cms.geocaching.de/index-php?id=9 (Stand: 14.08.2010).

Deutscher Reiseverband (DRV) (Hrsg.). (Studie). (2009). Fakten und Zahlen zum deutschen Reisemarkt 2009. Internet: http://www.drv.de/fileadmin/user_upload/fachbereiche/ DRV_Zahlen_Fakten2009_01.pdf. (Stand: 11.08.2010).

Deutscher Reiseverband (Hrsg.). (2010). Fakten und Zahlen zum deutschen Reisemarkt 2009. Eine Übersicht des DRV. Berlin: Eigendruck.

Europäische Reiseversicherung AG (ERV) / Deutsche Zentrale für Tourismus e.V. (DZT) (Hrsg.). (Studie). Qualitätsmonitor Deutschland-Tourismus. Ergebnisse 2008/2009. Internet: http://www.qualitaetsmonitor-deutschland-tourismus.de/images/stories/pdf/qm-flyerergebnisse _2008_2009.pdf. (Stand: 10.08.2010).

FUR Forschungsgemeinschaft Urlaub und Reisen. (Hrsg.). (Studie). (2009a). Erste Ergebnisse der RA 2008. Internet: http://www.reiseanalyse.de/downloads/Reiseanalyse_2008.pdf (Stand: 15.07.2010).

FUR Forschungsgemeinschaft Urlaub und Reisen e.V. (Hrsg.). (Studie). (2009b). RA Eckdaten. Internet: http://www.fur.de/index.php?id=eckdaten_urlaubsreisen (Stand: 20.08.2010).

FUR Forschungsgemeinschaft Urlaub und Reisen e.V. (Studie). (2010). Die 40te Reiseanalyse RA 2010. Kiel. Internet: http://www.fur.de/fileadmin/user_upload/RA_Zentrale_Ergebnisse/ FUR_Reiseanalyse_RA2010_Erste_Ergebnisse.pdf (Stand: 10.08.2010).

Groundspeak (Hrsg.). (2010a). Geocaching. Fact Sheet. Internet: http://www.geocaching.com/ articles/Brochures/footer/FactSheet_GeocachingCom.pdf (Stand: 04.08.2010).

Henneberger, P. (Studie). (2008). Geocaching als Innovation im Tourismus – Entwicklungspotential für touristische Destinationen in Deutschland. Diplomarbeit. Universität Trier.

Navicache (Hrsg.). (2010). Forum. FAQs. Internet: http://www.navicache.com/faq.html. (Stand: 15.06.2010).

Schwarzwald Tourismus Gesellschaft. (Hrsg.). (2010b). Geschäftsbericht 2009. Schwarzwald Tourismus GmbH. Freiburg: Eigendruck.

Statistisches Landesamt Baden-Württemberg. (Hrsg.). (o.J.). Reiseverkehr in Baden-Württemberg seit 1950 nach durchschnittlicher Aufenthaltsdauer. Stuttgart: Internet: http://www.statistik.baden-wuerttemberg.de/HandelBeherb/Landesdaten/LRt1401.asp. (Stand: 10.08.2010).

Telaar, D. (Studie). (2007). Geocaching. Eine kontextuelle Untersuchung der deutschsprachigen Geocaching-Community. Diplomarbeit. Westfälische Wilhelms-Universität Münster.

Tourismusbüro Bad Herrenalb. (Hrsg.). Screenshot Internet: http://www.badherrenalb.de/index.shtml?geocaching_event (Stand: 27.05.2010).

Traveltainment. (Studie). (2010). Top 10 Analyse 2009. Internet: http://www.traveltainment.de/fileadmin/images/Top%2010%20Analyse%202009.pdf. (Stand: 01.08.2010).

Verband Internet Reisevertrieb (VIR) Daten und Fakten zum Online-Reisemarkt 2010, 5. Ausgabe. Eigendruck.

Weinberg, T. (2010). Social Media Marketing. Strategien für Twitter, Facebook & Co. Deutsche Übersetzung von Heymann-Reder, D. Köln: O´Reilly Verlag.

I.3 Gesetze und sonstige Fundstellen

Allgemeine Erklärung der Menschenrechte vom 10.12.1948. A/RES/217. UN-Doc. 217/A-(III). 1948. In: Informationen der GfpA. Nr. 58, September 1998.

Bundesurlaubsgesetz vom 08.01.1963. (BuUrlG). Mindesturlaubsgesetz für Arbeitnehmer. In der Fassung des Gesetzes vom 07.05.2002 (BGBl. 2002 I S. 1529).

Gesetz zur Erhaltung des Waldes und zur Förderung der Forstwirtschaft - Bundeswaldgesetz (BWaldG) 1975 (BGBl. 1975 I S. 1037). In der Fassung des Gesetzes vom 2009 (BGBl. 2009 I S. 2585).

Gesetz über Naturschutz und Landschaftspflege – Bundesnaturschutzgesetz (BNatSchG). In der Fassung des Gesetzes vom 29.07.2009 (BGBl. 2009 I S.2542).

Landtag von Baden-Württemberg. (Hrsg.) (1998). Drucksache 12/3527. Antrag Abgeordnete FDP/DVP und Stellungnahme des Wirtschaftsministeriums. Städte- und Tagestourismus vom 02.12.1998. Internet: http://www.landtag-bw.de/wp12/drucksachen/3000/12_3527_d.pdf (Stand: 11.07.2010).

Landtag von Baden-Württemberg. (Hrsg.) (2007). Drucksache 14/1229 vom 09.05.2007. Große Anfrage der Fraktion der CDU und Antwort der Landesregierung. Tourismus in Baden-Württemberg. Internet: http://www.landtag-bw.de/WP14/Drucksachen/1000/14_1229_ d.pdf (Stand: 10.07.2010).

Waldgesetz für Baden-Württemberg (Landeswaldgesetz LWaldG) vom 31.08.1995, GBL 1995, S. 685. In der Fassung vom 14.10.2008 (GBL 2008, S. 367).

World Health Organisation (WHO) . Präambel der Verfassung der Weltgesundheitsorganisation, angenommen von der International Health-Konferenz, New York, 19-22 Juni, 1946; am 22. Juli 1946 von den Vertretern von 61 Staaten und in Kraft getreten am 7 April 1948.

I.4 Internetfundstellen von speziell erwähnten Geocachen

Deutsche Wanderjugend (Hrsg.). (2008). Internet: http://www.geocaching.de (Stand: 14.08.2010).

Groundspeak. (Hrsg.). (2009a). Geocache: Naturschutz konfliktfrei (Treffen von Geocachern und Naturschützer des Naturschutzzentrums Schwarzwald Mitte/ Nord). Internet: http://www.geocaching.com/seek/cache_details.aspx?guid=0cb1012b-5b7b-40cb-bbfa-56ed11 8178a6 (Stand: 01.08.2010).

Groundspeak. (Hrsg.). (2009b). Geocache: Naturschutz und Geocaching konfliktfrei – Runde II. (Zweites Treffen von Geocachern und Naturschützer des Naturschutzzentrums Schwarzwald Mitte/ Nord). Internet: http://www.geocaching.com/seek/cache_details.aspx? guid=fd143792-1ce1-4d26-ba9f-63d0b83196a3 (Stand: 01.08.2010).

Groundspeak (Hrsg.) (2010b). Geocaching. Suchabfrage. Deutschland. Internet: http://www.geocaching.com/seek/nearest.aspx?country_id=79 (Stand: 05.12.2010).

Groundspeak (Hrsg.). (2010c). Geocaching Stadtmeisterschaft 2010. Internet: http://www.geocaching.com/seek/cache_details.aspx?guid=43589e43-5ba8-45db-baad-4885 46bd340a (Stand: 05.12.2010).

Weißbach, O. (Hrsg.). (2010). Geokur. Internet: http://www.geokur.de (Stand: 27.05.2010).

II Abbildungsverzeichnis

Abb. 1: Lage des Schwarzwaldes in Deutschland 20
Abb. 2: Die Ferienregion Schwarzwald im Überblick 21
Abb. 3: Spaziergänger – Familie im Wald 23
Abb. 4: Mit der Kraftpost in den Schwarzwald 25
Abb. 5: Satellitennavigation zur Positionsbestimmung 30
Abb. 6: Das geografische Koordinatensystem der Erde 32
Abb. 7: Die Icons der häufigsten Geocachetypen. 35
Abb. 8: Die Icons Travelbug und Geocoin. 35
Abb. 9: Herkunftsstruktur der Urlaubsgäste aus dem Inland 44
Abb. 10: Entwicklung der Urlaubsdauer von 1995 -2009 46
Abb. 11: Sparneigungen bei Urlaubsausgaben 2004 - 2010 48
Abb. 12: Medien zur Urlaubsplanung 53
Abb. 13: Motive deutscher und ausländischer Gäste für den Urlaub in Deutschland 55
Abb. 14: Geografische Selektionskriterien der Umfrageteilnehmer 69
Abb. 15: Geocachetypen und Anzahl in Deutschland 70
Abb. 16: Datenerhebungsübersicht nach Gewichtung 70
Abb. 17: Auswahlverfahren für Stichproben 71
Abb. 18: Stichprobenverfahren 72
Abb. 19: Repräsentativität der Auswahlverfahren für Stichproben 72
Abb. 20: Formel für Standardabweichung 73
Abb. 21: Darstellung der Teilnehmerstruktur der Umfrage 77
Abb. 22: Formel für abgeleitetes Umsatzvolumen durch Geocacher 90
Abb. 23: Herleitung der potentiellen Cacheranzahl für die Urlaubsdestination
Schwarzwald 90
Abb. 24: Darstellung Personenstruktur bei Onlinebuchungen 91
Abb. 25: Berechnung Umsatzvolumen durch Geocacher in Urlaubsdestinationen 91
Abb. 26: Kategorisierung des Umsatzpotentials durch Geocaching 92

III Tabellenverzeichnis

Tab. 1: Kategorisierung des Incoming-Tourismus 13
Tab. 2: Unterscheidung der Reiseart nach Verweildauer 16
Tab. 3 Top-Five-Reiseziele der Deutschen innerhalb Deutschlands 2009 43
Tab. 4. Reiseausgaben deutscher und ausländischer Übernachtungsgäste pro Tag 50
Tab. 5: Umfrage – Rücklaufquote, historische Darstellung 78
Tab. 6: Umfrage – Rücklaufquote nach Dauer des Betreibensvon Geocaching 79
Tab. 7: Umfrage – Rücklaufquote nach Häufigkeit der Ausübung 79
Tab. 8: Auswertung Umfrage – Gründe für den Aufenthalt 80
Tab. 9: Auswertung Umfrage – Ausgaben Geocaching je Jahr 82
Tab. 10: Auswertung Umfrage – Freizeitverhalten von Geocachern 83
Tab. 11: Auswertung Umfrage – Umfang an Cacheteilnehmern 84
Tab. 12: Auswertung Umfrage – Urlaubshäufigkeit 85
Tab. 13: Auswertung Umfrage – Planungseinbindung von Geocaching bei der Urlaubswahl 85
Tab. 14: Auswertung Umfrage – Ausgabeverhalten 86
Tab. 15: Auswertung Umfrage – Urlaubswahl mittels Geocaching 87
Tab. 16: Auswertung Umfrage – Werbeangebote der Urlaubsdestination 89
Tab. 17: Auswertung Umfrage – Aktivunterstützung Geocaching durch die Destination 92
Tab. 18: Beispieldarstellung bereits umgesetzter GC-Vermarktungen 100

IV Abkürzungsverzeichnis

a.a.O.	Am angegebenen Ort
ADAC	Allgemeiner Deutscher Automobil-Club e.V.
ARD	Arbeitsgemeinschaft der öffentlich-rechtlichen Rundfunkanstalten der Bundesrepublik Deutschland
BGB	Bürgerliches Gesetzbuch
BGBl	Bundesgesetzblatt
BNatSchG	Bundesnaturschutzgesetz
BWaldG	Bundeswaldgesetz
BW	Baden-Württemberg
CH	Schweiz
D	Deutschland
DB	Deutsche Bahn
DEHOGA	Deutscher Hotel- und Gaststättenverband e.V.
DSFT	Deutsches Seminar für Tourismus
DZT	Deutsche Zentrale für Tourismus e.V.
ebd.	Ebenda
engl.	Englisch
EU	Europäische Union
ERV	Europäische Reiseversicherung AG
F	Frankreich
FUR	Forschungsgemeinschaft Urlaub und Reisen
GBL	Gesetzesblatt
GC	Geocache
GmbH	Gesellschaft mit beschränkter Haftung
GG	Grundgesetz für die Bundesrepublik Deutschland
GPS	Global Positioning System
Hrsg.	Herausgeber
I	Italien
i.d.R.	In der Regel
LUBW	Landesamt für Umwelt, Messungen und Naturschutz Baden-Württemberg
LWaldG	Landeswaldgesetz
Mio	Millionen
müNN	Meter über Normal Null
NSG	Naturschutzgebiet
OC	Open Cache

o.J.	ohne Jahr
ÖPNV	Öffentlicher Personennahverkehr
PKW	Personenkraftwagen
RA	Reiseanalyse
SGB	Sozialgesetzbuch
STG	Schwarzwald Tourismus Gesellschaft
TMBW	Tourismus-Marketing GmbH Baden-Württemberg
UNWTO	United Nations World Tourism Organization
USA	United States of Amerika
VIR	Verband Internet Reisevertrieb
WHO	World Health Organisation
WWW	World Wide Web
ZDF	Zweites Deutsches Fernsehen

V Anlagen

Anlage 1: Umfrageeinstellungen 124

Anlage 2: Startnachweis Umfrage 126

Anlage 3: Umfrage / Einladungsmail mit Link 127

Anlage 4: Umfrage / Fragebogen 128

Anlage 5: Umfrage / Rücklauf der Umfrage 133

Anlage 6: Umfrage / Publizitätsnachweis Bericht der Umfrage 134

Anlage 7: Schwarzwaldtourismus – Suchbegriff Geocaching 135

Anlage 8: Schwarzwaldtourismus – Geocaching in Rubrik Wandern 136

Anlage 9: Schwarzwaldtourismus – Was ist Geocaching? 137

Anlage 10: Schwarzwaldtourismus – Übersicht Cachekategorien 138

Anlage 11: Schwarzwaldtourismus – Übersicht Rätselcache 139

Anlage 12: Schwarzwaldtourismus – Übersicht Wandercache 140

Anlage 13: Schwarzwaldtourismus – Übersicht Sagencache 141

Anlage 14: Schwarzwaldtourismus – Übersicht Stadtbesichtigung 142

Anlage 15: Baiersbronn Touristik – Geocaching in Rubrik Wandern 143

Anlage 16: Baiersbronn Touristik – Digitale Wanderkarten 144

Anlage 17: Bad Herrenalb – Geocaching-Event „Geokur" 145

Anlage 18: Bad Herrenalb – Pauschalangebot zu „Geokur" 146

Anlage 19: Beispielhafte GC - Logeinträge aktiver Geocacher 147

Anlage 1: Umfrageeinstellungen

Umfrage starten
Nach dem Sie alle Einstellungen bestätigt haben, wird die Umfrage aktiviert

Titel

Name der Seite	Geocaching als Tourismusfaktor

Fragebogen

Begrüßungsseiten anzeigen	Ja
Anzahl der Seiten	1
Anzahl der Fragen	12

Teilnehmer

Anzahl der Teilnehmer	600

Einstellungen

Geschlossene Umfrage	Ja	**SSL-Modus**	Nein
Mehrfachteilnahme	Nein	**IP-Filter verwenden**	Nein
Sprache	Deutsch	**IP-Filter**	
Navigation	Weiter und Zurück	**Fortschrittsanzeige**	Ja
Navigationsanzeige	oben und unten	**Seitenanzeige**	Ja
Übersichtsseite			Ja

Mailversand

Absender	Margot Laufer <Margot@die-laufers.de>		
Einladungsmail aktiv	Ja	**Erinnerungsmail aktiv**	Ja
Betreff der Email	Einladungs-Mail		
Inhalt der Email	Liebe Freunde des Geocachings, im Rahmen einer wissenschaftlichen Studie untersuche ich den nachweisbaren Zusammenhang zwischen Geocaching und einem gewählten Urlaubsort. Sie wurden ausgewählt, weil Sie innerhalb der letzten 12 Monate einen		

zufällig ausgewählten Geocache im Schwarzwald gefunden haben.

Die Umfrage erfolgt mit Unterstützung eines Onlinefragetools. Die Teilnahme dauert maximal 7- 10 Minuten und würde bei einer regen Teilnahme die Untersuchung voranbringen. Es werden keinerlei Daten gespeichert, die auf den Absender schließen lassen und es erfolgen nach der Umfrage auch keine Werbemails und dergleichen.

Sie können an der Umfrage teilnehmen, in dem Sie auf den nachfolgenden Link klicken. Bei technischen Problemen ggf. bitte den Link erneut anklicken oder auf "fortsetzen" klicken.

Link zur Umfrage:
[Umfragelink]

Für Ihre Teilnahme vorab herzlichen Dank.

Mit lieben Cachergruessen aus dem Schwarzwald

Margot Laufer

Laufzeit

Startdatum	21.06.2010	**Enddatum**	02.07.2010

Der Link für Teilnehmer auf Ihre Umfrage lautet:
http://www.askallo.com/m4bo3j58/survey.html

Anlage 2: Startnachweis Umfrage

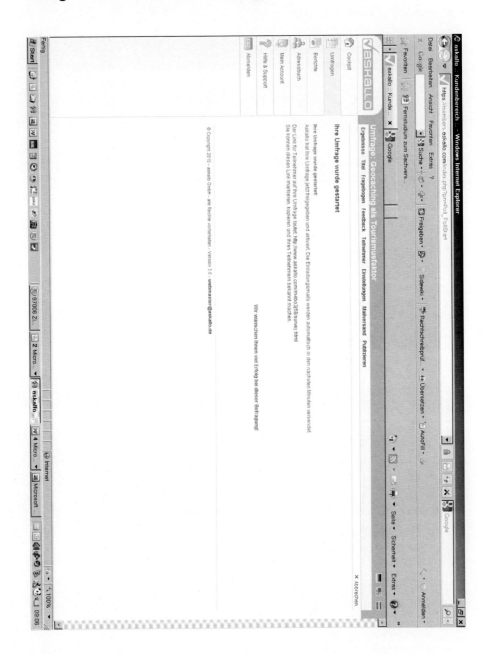

Anlage 3: Umfrage / Einladungsmail mit Link

Liebe Freunde des Geocachings,

im Rahmen einer wissenschaftlichen Studie bei der Turku University of Applied Sciences, Finnland untersuche ich den nachweisbaren Zusammenhang zwischen Geocaching und einem gewählten Urlaubsort.

Sie wurden ausgewählt, weil Sie innerhalb der letzten 12 Monate einen zufällig ausgewählten Geocache im Schwarzwald gefunden haben.

Die Umfrage erfolgt mit Unterstützung eines Onlinefragetools. Die Teilnahme dauert maximal 7- 10 Minuten und würde bei einer regen Teilnahme die Untersuchung voranbringen. Es werden keinerlei Daten gespeichert, die auf den Absender schließen lassen und es erfolgen nach der Umfrage auch keine Werbemails und dergleichen.

Sie können an der Umfrage teilnehmen, in dem Sie auf den nachfolgenden Link klicken. Bei technischen Problemen ggf. bitte den Link erneut anklicken oder auf "fortsetzen" klicken.

Link zur Umfrage:
http://www.askallo.com/m4bo3j58/survey.html

Für Ihre Teilnahme vorab herzlichen Dank.

Mit lieben Cachergruessen aus dem Schwarzwald

Margot Laufer

Anlage 4: Umfrage / Fragebogen

Geocaching als Tourismusfaktor

1. Seit wann betreiben Sie Geocaching als Ihr Hobby?

- ☐ Ein Jahr oder weniger
- ☐ Zwischen 1 und 2 Jahren
- ☐ Zwischen 2 und 3 Jahren
- ☐ Mehr als 3 Jahre
- ☐ Keine Angabe

2. Wie oft üben Sie Ihr Hobby Geocaching aus?

- ☐ Mindestens 1 Mal je Woche
- ☐ Mindestens 1 Mal im Monat
- ☐ Bei Gelegenheit bis selten
- ☐ Nur an besonderen Orten oder Gelegenheiten
- ☐ Keine Angaben

3. Sie haben mindestens einen Geocache in den letzten 12 Monaten im Nordschwarzwald gefunden. Warum waren Sie im Schwarzwald (Mehrfachantworten möglich)?

- ☐ Ich wohne in der Gegend
- ☐ Ich habe Verwandte/ Freunde besucht (privat)
- ☐ Ich hatte beruflich dort zu tun
- ☐ Ich war für einen Tag in der Gegend
- ☐ Ich war zum Kurzurlaub dort (2 - 4 Tage)
- ☐ Ich habe dort Urlaub gemacht (5 Tage und länger)
- ☐ Keine Angaben

4. Wie viel Geld investieren Sie in Geocaching pro Jahr (grob geschätzt incl. GPS-Gerät und Kraftstoff)?

- ☐ Bis 100 Euro im Jahr
- ☐ 100 bis 250 Euro im Jahr
- ☐ 250 bis 500 Euro im Jahr
- ☐ Mehr als 500 Euro im Jahr
- ☐ Weiß ich nicht
- ☐ keine Angaben

5. Hat Geocaching Auswirkungen auf Ihr Freizeitverhalten?

- ☐ Ja, die Freizeit orientiert sich am Geocaching
- ☐ Ja, ich binde in meine Freizeit Geocaching ein
- ☐ Ja, aber nur gelegentlich
- ☐ Kommt drauf an - eher nicht
- ☐ Nein, Geocaching erfolgt nur sporadisch
- ☐ Nein, Geocaching hat keinerlei Einfluss
- ☐ Keine Angaben

6. Mit wem gehen Sie Cachen?

- ☐ Immer alleine
- ☐ Nur mit der Familie / mit dem Partner
- ☐ Nur mit Freunden
- ☐ Mal so, mal so (alleine/ Familie/ Freunde)
- ☐ Nur mit Hund
- ☐ Keine Angaben

7. Wie oft gehen Sie in Urlaub (incl. Kurzurlaub - d.h. zwischen 2 und 4 Tage - und verlängertes Wochenende mit mind. einem Werktag)?

- ☐ 1 Mal im Jahr
- ☐ 2 Mal im Jahr
- ☐ 3 Mal im Jahr
- ☐ Mehr als 3 Mal im Jahr
- ☐ Nie
- ☐ Keine Angaben

8. Wie viel Geld geben Sie für Urlaub incl. verlängertem Wochenende aus (Jahreswert je Person)?

- ☐ Bis 500 Euro
- ☐ 500 bis 1.000 Euro
- ☐ 1.000 bis 1.500 Euro
- ☐ 1.500 Euro bis 2.000 Euro
- ☐ Mehr als 2.000 Euro
- ☐ Weiß ich nicht
- ☐ Keine Angaben

9. Sie planen Ihren Urlaub. Wie wichtig ist Ihr Hobby Geocaching hierbei (mehrere Antworten sind möglich)?

- ☐ Überhaupt nicht
- ☐ Wenn es sich ergibt wird Geocaching einbezogen
- ☐ Urlaubsauswahl erfolgt gezielt mit Geocaching
- ☐ Geocaching ist das Entscheidungskriterium
- ☐ Keine Angaben

10. Angenommen Geocaching spielt bei der Urlaubswahl eine Rolle. Was wäre Ihnen in diesem Fall am Urlaubsort besonders wichtig (Mehrfachantworten möglich)?

- ☐ Touristencache mit GC-Logmöglichkeit
- ☐ Touristencache auch ohne GC-Logmöglichkeit (ggf. von der Tourismusgemeinde ausgelegt)
- ☐ Möglichst viele Cache
- ☐ Möglichst erlebnisreiche Cache
- ☐ Unterstützung beim Cachen durch regionale Unterstützung
- ☐ Wandern und Natur; Geocaching schmückt dies nur aus
- ☐ Keine Angaben

11. Angenommen Ihr Urlaubsort wirbt mit Geocaching. Was würden Sie von der Urlaubsregion dann erwarten (Mehrfachantworten möglich)?

- ☐ Geocache mit Erläuterungen zur Region
- ☐ Anlaufstation für Cache incl. Unterstützung
- ☐ Ausleihstationen für GPS, techn. Support
- ☐ Treffen mit regionalen Cachern
- ☐ Möglichkeit sich einer Gruppe anzuschließen
- ☐ Internetzugang
- ☐ Kann ich nicht beantworten
- ☐ Keine Angaben

| 12. | Wie würden Sie gerne von Urlaubsregionen erfahren, die Geocaching aktiv unterstützen (Mehrfachantworten möglich)? |

- ☐ Gar nicht - soll ein Geheimtipp bleiben
- ☐ Rundmails bei Neuigkeiten
- ☐ Teilnahme an GC-Foren
- ☐ Werbung in Papierform
- ☐ Anlaufstationen in Tourismusbüros
- ☐ Keine Angaben

[Fragebogen absenden »»]

Link der Umfrage: http://www.askallo.com/m4bo3j58/survey.html

Anlage 5: Umfrage / Rücklauf der Umfrage

Anlage 6: Umfrage / Publizitätsnachweis Bericht der Umfrage

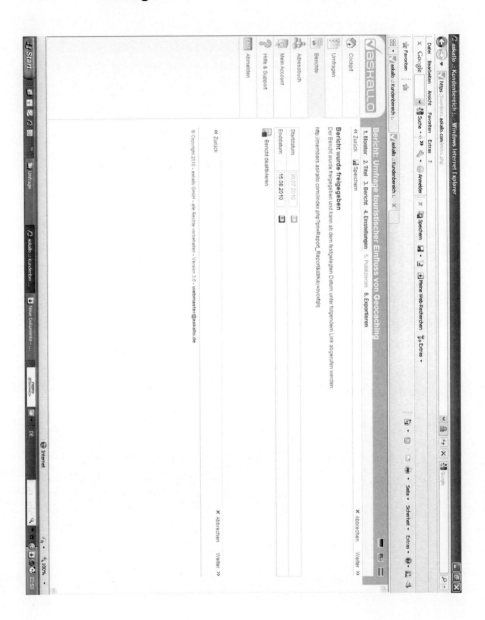

Anlage 7: Schwarzwaldtourismus – Suchbegriff Geocaching

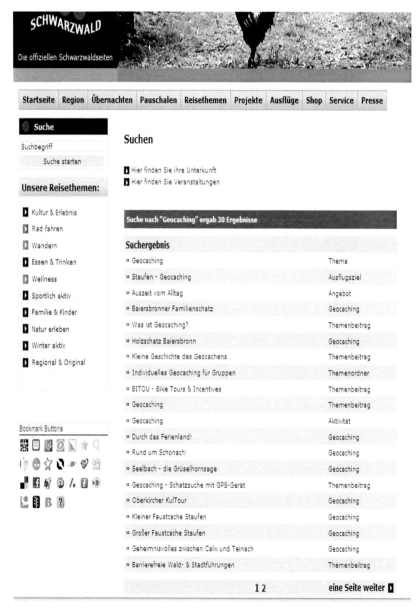

Quelle: Schwarzwald Tourismus Gesellschaft. (Hrsg.). (2010a). Screenshot. Internet: http://www.schwarzwald-tourismus.info/content/advancedsearch?SearchText=geocaching (Stand: 05.05.2010).

Anlage 8: Schwarzwaldtourismus – Geocaching in Rubrik Wandern

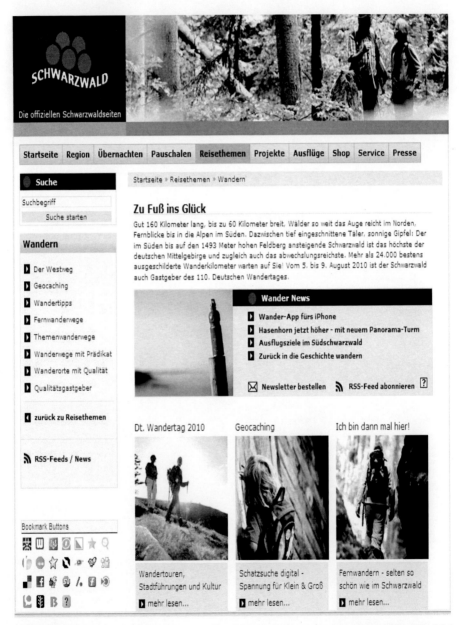

Quelle: Schwarzwald Tourismus Gesellschaft. (Hrsg.). (2010a). Screenshot. Internet: http://www.schwarzwald-tourismus.info/reisethemen/wandern (Stand: 05.05.2010).

Anlage 9: Schwarzwaldtourismus – Was ist Geocaching?

Startseite » Reisethemen » Wandern » Geocaching

Schatzsuche mit dem Wink von oben

Sie erinnern sich noch gerne an frühere Schnitzeljagden? Aber Ihre Kinder lassen sich nicht mehr so richtig dafür begeistern? Probieren Sie es doch einmal mit der Hightech-Variante: Geocaching ist eine elektronische Schnitzeljagd. Satellitendaten weisen Ihnen den Weg.

Bei vielen Orten können Sie GPS-Geräte für den Wink von oben ausleihen. Sie lassen sich damit von Aufgabe zu Aufgabe führen, genießen unsere herrliche Landschaft - und wenn Sie richtig kombiniert haben, finden Sie am Ende einen Schatz. Überraschen Sie doch mal Kinder oder Enkel mit einer modernen "Schnitzeljagd".

Was ist Geocaching?

Geocaching ist die moderne Form der Schatzsuche. "Cache" steht für Schatz oder geheimes Versteck. Bei diesem Spiel geht es darum mit Hilfe eines GPS-Gerätes und Kombinationsgabe über mehrere Stationen hinweg versteckte Hinweise zu finden, knifflige Rätsel und witzige Aufgaben zu lösen um am Ende einen "Schatz" bergen zu können.

▶ mehr lesen...

Kleine Geschichte des Geocachens

Geocaching ist in seiner ursprünglichen Form ein internationales Spiel, bei dem die Spieler sich untereinander einladen, „Schatzkisten" mit Hilfe des „Global Positioning System (GPS)" zu verstecken und zu finden. Die Anleitungen zum Auffinden dieser Schätze - im Fachjargon „Caches" genannt - stehen im Internet auf speziellen Websites.

▶ mehr lesen...

Die Cachekategorien

Beim Geocaching sind der Phantasie keine Grenzen gesetzt! Es gibt viele Arten von Caches in unterschiedlichen "Cache-Kategorien". Da wären beispielsweise der Rätselcache, der Wandercache, die Stadtbesichtigung, der Sagen- und Geschichtencache und viele andere mehr! Wir haben für Sie einige Cache-Kategorien zusammengestellt, probieren Sie

Quelle: Schwarzwald Tourismus Gesellschaft. (Hrsg.). (2010a). Screenshot. Internet: http://www.schwarzwald-tourismus.info/reisethemen/wandern/geocaching (Stand: 05.05.2010).

Anlage 10: Schwarzwaldtourismus – Übersicht Cachekategorien

Suche

Suchbegriff

Suche starten

Wandern

▶ Der Westweg

▶ Geocaching

» Rätselcache

» Wandercache

» Sagencache

» Stadtbesichtigung

» Individuelles Geocaching für Gruppen

▶ Wandertipps

▶ Fernwanderwege

▶ Themenwanderwege

▶ Wanderwege mit Prädikat

▶ Wanderorte mit Qualität

▶ Qualitätsgastgeber

◀ zurück zu Reisethemen

🔊 RSS-Feeds / News

Bookmark Buttons

Startseite » Reisethemen » Wandern » Geocaching » Die Cachekategorien

Keine Schatzsuche gleicht der anderen

Beim Geocaching sind der Phantasie keine Grenzen gesetzt! Es gibt viele Arten von Caches in unterschiedlichen "Cache-Kategorien". Da wären beispielsweise der Rätselcache, der Wandercache, die Stadtbesichtigung, der Sagen- und Geschichtencache und viele andere mehr! Wir haben für Sie einige Cache-Kategorien zusammengestellt, probieren Sie einfach aus, welche Ihnen und Ihrer Familie oder Ihren Freunden am meisten Spaß machen.

Es ist nicht immer möglich, einen Cache nur einer Kategorie zuzuordnen. Daher können manche Caches auch gleichzeitig in verschiedenen Kategorien auftauchen.

Der Rätselcache

Bei einem Rätselcache sind die Koordinaten der verschiedenen Stationen in Rätseln verschlüsselt. Es gilt also erst das Rätsel zu lösen, bevor die nächste Station angelaufen werden kann! Dabei varriiert die Schwierigkeit der Rätsel je nach Cache. Es gibt alle Möglichkeiten: vom einfachen Rätselcaches für Kinder bis hin zu wirklich schwierigen Rätseln für Erwachsene.

Der Wandercache

Dieser Cache ist als eine Wanderung angelegt. Dabei kann es sich um eine kurze Wanderung von zwei bis drei Stunden oder auch um eine Ganztagestour handeln. Die voraussichtliche Dauer und der Schwierigkeitsgrad sind in der jeweiligen Cachbeschreibung genannt.

Die Stadtbesichtigung

Bei dieser Art von Cache werden dem interessierten Besucher die Koordinaten der Sehenswürdigkeiten zur Verfügung gestellt. Zusätzlich erhält er einen Katalog in dem er interessante Fakten zu den jeweiligen Sehenswürdigkeiten nachlesen kann! So kann er spielerisch die Stadt erkunden.

Der Sagen- und Geschichtencache

Hierbei handelt es sich um einen Cache, der eine örtliche Sage - oder Geschichte thematisiert.

Quelle: Schwarzwald Tourismus Gesellschaft. (Hrsg.). (2010a). Screenshot. Internet: http://www.schwarzwald-tourismus.info/reisethemen/wandern/geocaching/die_cachekategorien (Stand: 05.05.2010).

Anlage 11: Schwarzwaldtourismus – Übersicht Rätselcache

Quelle: Schwarzwald Tourismus Gesellschaft. (Hrsg.). (2010a). Screenshot. Internet: http://www.schwarzwald-tourismus.info/reisethemen/wandern/geocaching/raetselcache (Stand: 05.05.2010).

Anlage 12: Schwarzwaldtourismus – Übersicht Wandercache

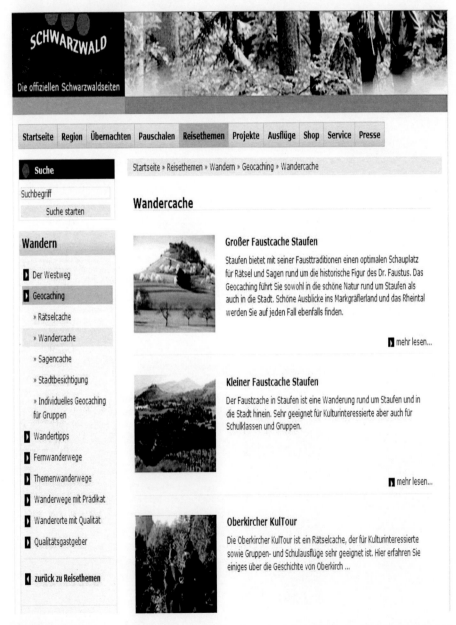

Quelle: Schwarzwald Tourismus Gesellschaft. (Hrsg.). (2010a). Screenshot. Internet: http://www.schwarzwald-tourismus.info/reisethemen/wandern/geocaching/wandercache (Stand: 05.05.2010).

Anlage 13: Schwarzwaldtourismus – Übersicht Sagencache

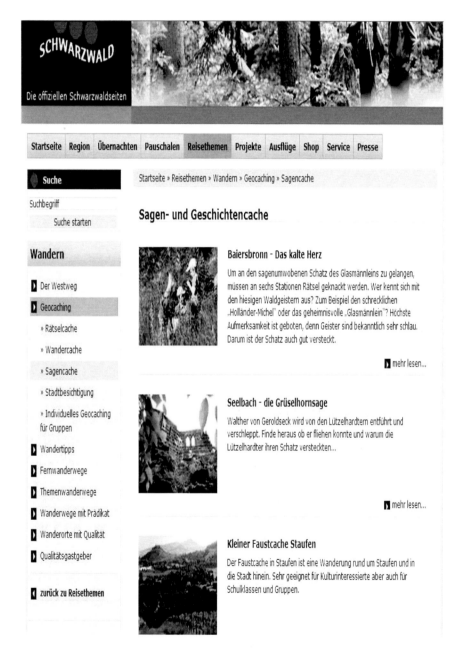

Quelle: Schwarzwald Tourismus Gesellschaft. (Hrsg.). (2010a). Screenshot. Internet: http://www.schwarzwald-tourismus.info/reisethemen/wandern/geocaching/sagencache (Stand: 05.05.2010).

Anlage 14: Schwarzwaldtourismus – Übersicht Stadtbesichtigung

Quelle: Schwarzwald Tourismus Gesellschaft. (Hrsg.). (2010a). Screenshot. Internet: http://www.schwarzwald-tourismus.info/reisethemen/wandern/geocaching/stadtbesichtigung (Stand: 05.05.2010).

Anlage 15: Baiersbronn Touristik – Geocaching in Rubrik Wandern

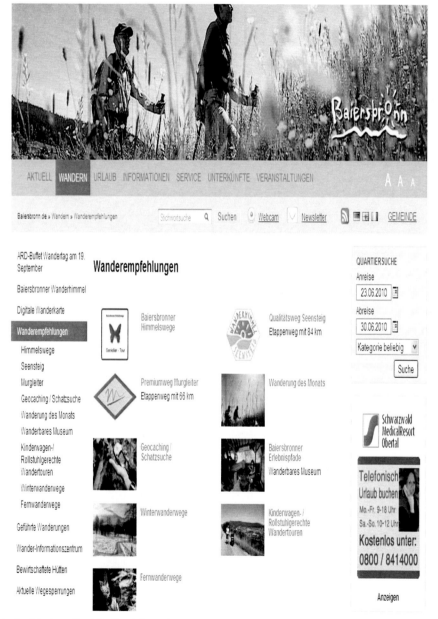

Quelle: Baiersbronn Touristik. (Hrsg.) Screenshot. Internet: http://www.baiersbronn.de/text/332/de/gps-und-geocaching.html (Stand: 05.05.2010).

Anlage 16: Baiersbronn Touristik – Digitale Wanderkarten

Baiersbronner Wanderhimmel im Schwarzwald

- Baiersbronner Wanderhimmel
- Digitale Wanderkarte
- Wanderempfehlungen
- Geführte Wanderungen
- Wander-Informationszentrum
- Bewirtschaftete Hütten
- Aktuelle Wegesperrungen

PAUSCHALANGEBOTE

WANDERWOCHE 2
{MARKER:YELLOW}-
BEREITS AUSGEBUCHT! -
{MARKERENDE}
Seensteig mit Friedrich Klumpp
vom 27.06. bis 04.07.2010

 Aktuelle Wegesperrungen
 Digitale Wanderkarte
 Wanderempfehlungen
 Geführte Wanderungen
 Wander-Informationszentrum
 Bewirtschaftete Hütten
 Leihservice
 Wanderpauschalen / Wanderwoche

 Baiersbronner Wanderhimmel Entstehung, Wanderwegbeschilderung,...
 Qualitätsgastgeber Wandern

Quelle: Baiersbronn Touristik. (Hrsg.) Screenshot. Internet: Baiersbronn Touristik http://www.baiersbronn.de/text/272/de/wanderservice.html (Stand: 05.05.2010).

Anlage 17: Bad Herrenalb – Geocaching-Event „Geokur"

Quelle: Tourismusbüro Bad Herrenalb . (Hrsg.). Screenshot Internet: http://www.badherrenalb.de/index.shtml?geocaching_event (Stand: 27.05.2010).

Anlage 18: Bad Herrenalb – Pauschalangebot zu „Geokur"

- Wettbewerbe
- Promotion Caches
- Die Kurleitung
- Der Kurantrag
- Kurlocation
- **GeoKur-Unterkünfte**
- GeoKur-Karte
- Downloads
- News-Blog
- Fragen? FAQ
- Sponsoren

News

(14.06.2010) Event-Einteilung
Hallo Leute, die GeoKur rückt näher. Nur noch ... -->

(08.06.2010) Interaktive GeoKur-Karte
Damit ihr den richtigen Weg auf der GeoKur findet,... -->

(27.05.2010) Aufforderung zur Einteilung fürs Mocache-Event
Da zum Mocache-Event verschiedene Fahrertypen unte... -->

Pauschalangebote des Tourismusbüro Bad Herrenalb

Die angebotenen GeoKur-Pauschalen sind nur direkt über das Tourismusbüro Bad Herrenalb zu beziehen!

Buchung und Beratung:

Tourismusbüro Bad Herrenalb
Rathausplatz 11
76332 Bad Herrenalb
Tel. 07083 / 5005 - 46 oder - 34
Fax: 07083 / 5005 - 24
helga.merkle@badherrenalb.de
www.badherrenalb.de

Angebot 1: Geocacher-Micro-Angebot (2-Tage Pauschale-GeoKur):

Cachen nach Lust und Laune - egal ob Tradi-, Multi-, Mysterie-, Event- oder Earthcache. In der GeoKur-Stadt Bad Herrenalb ist das alles kein Problem.

Und damit ihr zur GeoKur auch ganz entspannt anreisen und euch die Zeit für die Parkplatzsuche sparen könnt, gibt es bei beim Geocacher-Pauschalangebot "Micro" gleich noch die KONUS-Gästekarte gratis dazu.

- 2 Tage = 1 x Übernachtung mit Frühstück oder Halbpension in gewünschter Kategorie
- inkl. KONUS- Gästekarte kostenlose Fahrt mit Bus und Bahn im Schwarzwald

Kategorie	Privathäuser	Hotels **	Hotels ***	Hotels ***S Hotels ****
Preis pro Person im DZ ÜF	29,50 €	34,50 €	44,50 €	59,50 €
Preis pro Person im DZ HP		44,50 €	59,50 €	74,50 €
EZ Zuschlag	3,00 €	4,00 €	10,00 €	10,00 €

Quelle: Tourismusbüro Bad Herrenalb . (Hrsg.). Screenshot Internet: Tourismusbüro Bad Herrenalb http://www.badherrenalb.de/index.shtml?geocaching_event(Stand: 27.05.2010).

Anlage 19: Beispielhafte GC - Logeinträge aktiver Geocacher

Aktive Geocacher, die speziell zur „Schatzsuche" in die Region Schwarzwald gekommen sind, haben Geocaching beispielsweise genützt:

a) als „Reiseführer" bei einer Stadtbesichtigung

> 😊 March 25 by _____ (303 found)
>
> Wer als Geocacher in eine fremde Stadt kommt braucht keinen Reiseführer, um interessante Locations zu finden. Ein kurzer Blick daheim in die Listings und schon fiel uns dieser Cache sofort ins Auge. Also machten wir uns heute auf den Weg in die Altstadt. Die ungewöhnliche Wegführung war toll gemacht und die Platzierung des Finals einfach super. Gut, dass _____ sich nicht mehr bewegt, so konnten wir in einem unbeobachteten Moment zugreifen. Dieser Cache ist etwas Besonderes und genau das richtige für unsere Nummer 300! 😊
>
> Vielen Dank und liebe Grüße _____ aus Nordwestdeutschland!

b) zur gezielten Erkundung der Region - insbesondere auch ausländische Gäste

> 😊 July 22, 2009 by _____ (2076 found)
>
> We spent a week in Freudenstadt for our holidays and there were a lot of caches to search on our programm. We wish to thank all the owners of the caches we visited because each one brought us to very beautiful spots in the surroundings.
> We enjoyed every (little) hike a lot and we were impressed of all those nice places you showed us this way.
> That's the reason why geocaching is so much more than searching and finding ...
> Thanks again for those beautiful days.

c) als Freizeitbeschäftigung zusammen mit Freunden beim Kurzurlaub

> 😊 May 1 by _____ (691 found)
>
> 8 Leute, 4 Rucksäcke, _____ , Sonne, Wolken, weiß blühende Bäume, rote Azaleen, grüne Wiese
> gutgelaunte Menschen ......es war einfach schön!
>
> Wir übernachteten mit unserer Wandergruppe 4 Tage in Baiersbronn, waren jeden Tag viele Stunden auf Schwarzwa_ unseren Freunden am 1. Mai das cachen und eben diesen Multi. Am Ende _____ waren alle hellauf begeis_
>
> Fast den ganzen Tag hatten wir Glück mit dem Wetter, erst genau am Final fing es an zu regnen. Als Belohnung und _ Stück Schwarzwälderkirschtorte.
> Der Hund war allerdings am Ende der Tour echt fertig. Er war heftig mit der Aufgabe beschäftigt, sein Rudel zusamme_ immer mal wieder einen Zahn zulegten, und 4 Frauen, die immer mal wieder mit schwätzen und gucken und die Natur_ gerade einfach war.

Quelle: Screenshots www.geocaching.com. Keine näheren Angaben. Profile und Texte von der Verfasserin geschwärzt, um die Anonymität der GC - Community zu wahren.